Paul Yonggi Cho

Mit Jesus beten

ONE WAY VERLAG WUPPERTAL

Titel der Originalausgabe:
Praying With Jesus

5. Auflage 1999

Übersetzt aus dem Englischen von Wolfgang Neumeister
Titelfoto: Harri Göpfert, Bonn
Umschlaggestaltung: Martha Kreutzer
Gesamtherstellung: Schönbach-Druck GmbH, Erzhausen

Die Bibelzitate sind in der Regel der Schlachter-Übersetzung entnommen
Taschenbuch 1003, Reihe: Wege des Glaubens

ISBN 3-927772-08-9

INHALT

VORWORT

„Wie sollten wir beten, und worum sollten wir beten?“ Die Jünger Jesu stellten diese Fragen. Aber auch Menschen, die im Glauben leben wollen oder mit ausweglosen Problemen konfrontiert werden, fragen so.

Als Antwort gab uns Jesus das vollkommene Beispiel im Gebet des Herrn, welches wir in Matthäus 6:9-13 finden. Dieses Gebet, das Gottes einzigartige Liebe zeigt, ist nicht nur ein Vorbild für unser Gebet. Es ist auch das Gebet, welches wir beten sollten, damit Gott Seine Absichten durch uns ausführen kann. Selbst wenn wir uns lediglich seine Worte einprägen und aus dem Gedächtnis heraus sprechen, ist dieses kurze Gebet voll mächtiger Gnade. Gehen wir aber einen Schritt weiter und verstehen die Bedeutung jeder Redewendung, wird unser Gebet kühner und unser Glaube stärker. Wir erhalten Antworten auf unser Gebet und erfreuen uns einer tieferen Gemeinschaft mit Gott.

Ich hoffe, daß dieses Buch, welches ich hier vorlege, allen Lesern, die den Wunsch haben, so zu beten, wie Jesus es tat, ein hilfreicher Führer sein wird:

Unser Vater im Himmel. Geheiligt werde dein Name. Dein Reich komme. Dein Wille geschehe, wie im Himmel, also auch auf Erden. Unser tägliches Brot gib uns heute. Und vergib uns unsere Schuld, wie auch wir vergeben unseren Schuldigern. Und führe uns nicht in Versuchung, sondern erlöse uns von dem Bösen. Denn dein ist das Reich und die Kraft und die Herrlichkeit, in Ewigkeit. Amen.

1

Unser Vater im Himmel

Was ist eigentlich Gebet? Kurz gesagt ist es ein Dialog mit Gott, in dem unsere Einstellungen und Gedanken in Gottes Gedanken eingepflanzt werden. Wenn wir wirksam beten wollen, müssen wir unsere Gedanken mit Gottes Gedanken in Einklang bringen, und unsere Einstellung muß in der richtigen Beziehung zu Gottes Einstellung stehen. Ob unsere richtigen Gedanken dann tatsächlich ausgedrückt werden oder nicht, sie sind ein Gott wohlgefälliges Opfer. Wie aber können wir bestimmen, ob unsere Gedanken in Gottes Augen richtig sind? Unser Maßstab ist das Wort Gottes.

In der Bibel hat Gott Seine Gedanken niedergeschrieben. Wenn wir die Schrift mit offenem Herzen lesen, unsere Gedanken dem Wort anpassen und unsere Hoffnung in Ihn setzen, wird Gott unsere Gebete entsprechend Seinem guten Willen beantworten.

Jesus hinterließ das „Vater Unser" als eine der bedeutungsvollsten Zusammenfassungen des Wortes Gottes. Dieses Gebet, welches Jesus uns lehrte, ist das richtige Gedankengut, das wir in unsere Herzen hineinpflanzen müssen: Gott wird unser Vater. Sein Reich kommt in unsere Herzen, in unser Leben und in diese

Welt. Gott gibt uns, was wir täglich benötigen. Er bewahrt uns vor dem Bösen und führt uns nicht in Versuchung. Er vergibt unsere Sünden und befreit uns von dem Bösen.

Jesus betete das Gebet, das bekannt wurde als das „Vater Unser", als Antwort auf eine Bitte Seiner Jünger um Anleitung zum Beten. Der Inhalt, den Jesus anspricht, ist als Vorbild bedeutsam für unsere eigenen Gedanken in der Beziehung zu Gott. Gleich am Anfang des Gebetes hat Jesus die Grundlage für die richtige Einstellung, die wir zu Gott haben sollten, klar dargelegt: „Unser Vater im Himmel." Er ist der Eine, dem wir unsere aufrichtigen Herzenswünsche durch unsere ehrlichen Gedanken anvertrauen dürfen. Nur Er kann unser Gebet erhören und es beantworten. Gott wartet darauf, daß wir die gleichen Gedanken haben wie Er. Wir wollen betrachten, was das Wort über unseren Vater im Himmel sagt.

Unser Vater

Während ich eine Evangelisation in den Vereinigten Staaten leitete, erhielt ich den Brief einer geschiedenen Frau. Darin schrieb sie über die Schwierigkeiten, ihre Kinder ohne Vater aufzuziehen. Während ich diesen Brief las, wurde ich daran erinnert, wie wichtig die Rolle eines Vaters für seine Kinder ist.

Als Jesus lehrte, bezeichnete Er Gott als „Vater". Allein in der Bergpredigt nannte Jesus Gott siebzehnmal „Vater". Was denken Sie, warum Jesus uns das Gebot gab, Gott „Vater" zu nennen?

Wie ist Gott unser Vater geworden?

Am Anfang schuf Gott Adam und Eva als Seine Kinder. Gott schuf sie nach Seinem eigenen Bildnis und blies den Odem des Lebens — oder den Geist — in sie hinein. Aufgrund ihres göttlichen Ebenbildes und ihres Geistes entsprachen auch Adams und Evas Gedanken und Charakter genau dem Ebenbild Gottes. Wie ein Vater weiß, was in den Gedanken seines Sohnes vorgeht, und der Sohn weiß, was sich in den Gedanken seines Vaters abspielt, so kannte Gott die Gedanken von Adam und Eva, und Adam und Eva wußten, was die Gedanken Gottes waren.

Indem Er von Seinen Söhnen und Töchtern sprach, sagte Gott: „Alle, die mit meinem Namen genannt sind und die ich zu meiner Ehre geschaffen habe, die ich zubereitet und gemacht habe“ (Jes. 43:7). Wenn Kinder sich gut benehmen, empfangen Eltern Ehre. Aber wenn Kinder sich schändlich benehmen, werden die Eltern verunehrt. Gott wollte, daß Adam und Eva — die Er nach Seinem eigenen Bildnis und Ihm ähnlich geschaffen und in die Er Seinen Geist gehaucht hatte — Ihm in alle Ewigkeit Ehre und Ruhm gaben.

Adam und Eva aber lehnten es ab, Gottes Kinder zu bleiben; sie wurden freiwillig Kinder des Satans. Als sie das Gebot Gottes brachen, wurde schlagartig ein Fluch ausgelöst, und ihr Geist erstarb. In Hesekiel 18:4 sprach Gott: „Seht, alle Seelen sind mein. Wie die Seele des Vaters mein ist, also ist auch die Seele des Sohnes mein. Die Seele, welche sündigt, soll sterben.“

Adam und Eva, deren Geist wegen Sünde gestorben war, konnten sich nicht länger an der Beziehung zu Gott erfreuen; sie konnten Ihm weder gefallen noch Ihn verherrlichen. Das göttliche Ebenbild konnte von nun an in der gefallenen Menschheit nicht mehr gefunden werden.

Doch hatte Gott die Verbindung nicht aufgegeben, weil Er Liebe ist (siehe 1. Joh. 4:8). (Damit Liebe zustande kommt, bedarf es mehr als einer Person. Liebe ist nur dann möglich, wenn jemand da ist, der Liebe gibt, und ein anderer, der geliebt wird. Der Vater ist der Eine, der liebt; Jesus ist der Eine, der geliebt wird; und der Heilige Geist ist der Eine, der die Liebe übermittelt. So stellt sich Gott als eine vollständige Trinität der Liebe dar.) Gott möchte Seine überfließende Liebe immer möglichst vielen Seiner Kinder geben.

Das meinte Jesus, als Er sagte: „Jerusalem, Jerusalem, die du tötest die Propheten und steinigst, die zu dir gesandt sind. Wie oft habe ich deine Kinder sammeln wollen, wie eine Henne ihre Küchlein unter die Flügel sammelt, aber ihr habt nicht gewollt!“ (Mt. 23:37).

Diese göttliche Liebe bewegte Gott dazu, Adam und Eva nach ihrem Fall mit den Fellen eines Tieres, das er getötet hatte, zu bekleiden. Das Vergießen dieses Blutes ist ein Sinnbild für Gottes Vergebungsbereitschaft. Er deckt die Sünden und Übertretungen der Menschheit zu, indem Er Gott den heiligen Sohn am Fluchholz, am Kreuz, sterben läßt. Während der viertausend Jahre des Alten Testaments verhieß und bestätigte Gott wiederholt, daß Er Christus senden würde.

Seit Adams Fall konnte kein Mensch vor dem gerechten Gott erscheinen. Keine gerechte Tat konnte die Menschheit von der Sünde befreien. Wegen Seiner innigen Liebe, uns wieder zu Seinen Kindern zu machen und wieder unser Vater zu werden, sandte Gott Seinen Sohn in diese Welt. Er sollte als ewiges Opferlamm sterben.

Aufgrund des Sündenfalls war der Geist des Menschen seitdem tot; die Menschheit beinahe unnützer Staub. Aber Jesus starb freiwillig, um die göttliche Liebe zu erfüllen und die vorherbestimmte Gnade Gottes zu übermitteln. Wie lautete der göttliche Wille, den Jesus ausführte, als Er mit Seinen letzten Worten ausrief: „Es ist vollbracht“ (Joh. 19:30)? Jesus selbst beantwortet diese Frage: „Denn das ist der Wille meines Vaters, daß jeder, der den Sohn sieht und an ihn glaubt, ewiges Leben habe, und ich werde ihn auferwecken am letzten Tage“ (Joh. 6:40).

Was ist nun ewiges Leben? Es ist immerwährendes Leben, welches Gott gibt. Es war das Leben, das Adam und Eva von Gott vor ihrem Sündenfall erhielten. In der Nacht vor Seiner Verurteilung und Seinem Tod sagte Jesus: „Das ist aber das ewige Leben, daß sie dich, den allein wahren Gott, und den, den du gesandt hast, Jesus Christus, erkennen“ (Joh. 17:3).

Wenn wir an Jesus als Messias oder unseren Erlöser glauben, haben wir ewiges Leben. Wenn wir ewiges Leben haben — nämlich das Leben Gottes durch Wiedergeburt aus Wasser und Geist —, fangen wir an, Gott zu erkennen. Unser Geist wird belebt. Wenn wir ewiges Leben empfangen, erhalten wir den Geist der

Kindschaft (Sohnschaft), durch den wir Gott mit „Abba, Vater" anrufen (Röm. 8:15). In diesem Augenblick „gibt der Geist Zeugnis unserem Geist, daß wir Gottes Kinder sind" (Röm. 8:16), denn Gott „hat uns versiegelt und in unsere Herzen das Pfand des Geistes gegeben" (2. Kor. 1:22).

Mit großer Beredsamkeit schrieb der Apostel Paulus über den Willen Gottes, uns zu Seinen Kindern zu machen: „Gepriesen sei der Gott und Vater unseres Herrn Jesus Christus, der uns mit jedem geistlichen Segen gesegnet hat in den himmlischen Regionen durch Christus . . ., und aus Liebe hat er uns vorherbestimmt zur Kindschaft gegen ihn selbst, durch Jesus Christus, nach dem Wohlgefallen seines Willens, zum Preise der Herrlichkeit seiner Gnade, mit welcher er uns begnadigt hat in dem Geliebten, in Christus" (Eph. 1:3,5,6).

Durch Glauben an Jesus, wodurch unser Geist belebt wird, werden wir Kinder Gottes. Wenn wir das geopferte Fleisch Jesu essen und das für uns vergossene Blut Jesu trinken, haben wir ewiges Leben in uns (siehe Joh. 6:54). Jesus ist unsere Gerechtigkeit geworden, und jeder, der sich auf Ihn verläßt, kann freimütig vor Ihn hintreten (siehe Heb. 10:19). Wegen Seiner Liebe machte Gott uns zu Seinen Kindern und bezahlte dafür den Preis.

Gott, der den Weg bereitet hat, daß wir Seine Kinder werden können, möchte, daß jeder ewiges Leben hat und Sein Kind wird. Nicht wir, sondern Gott hat uns erlöst von unserer Sünde. Gott hat alle notwendigen Bedingungen für uns erfüllt, damit wir ewiges Leben haben und Seine Kinder werden können.

Alles, was wir tun müssen, ist, bedingungslos zu glauben und mit unserem Mund zu bekennen, daß Jesus der Sohn Gottes ist und unsere Sünden durch Seine Kreuzigung vergeben worden sind. Jesus sagte, daß „jeder, der an ihn glaubt, nicht verloren gehe, sondern ewiges Leben habe" (Joh. 3:16). Außerdem steht geschrieben: „Allen denen aber, die ihn aufnahmen, gab er Vollmacht, Gottes Kinder zu werden, denen, die an seinen Namen glauben; welche nicht aus dem Geblüt, noch aus dem Willen des Fleisches, noch aus dem Willen des Mannes, sondern aus Gott geboren sind" (Joh. 1:12,13).

Es war Gottes Freude und Wohlgefallen, Gläubige auf diesem Wege als Seine Kinder zu gewinnen (siehe Eph. 1:5).

Gott hatte einen großartigen Plan, uns zu Seinen Kindern zu machen. Indem Er Seinen einzigen Sohn, Jesus, in diese Welt sandte und Ihn sterben ließ, hat Gott den Weg dafür bereitet, daß wir Ihn „Vater" nennen können. Gott hat uns aber auch die Freimütigkeit gegeben, Ihn „Vater" zu nennen, als Er uns den Geist der Kindschaft sandte.

So sind wir also zum zweiten Mal Gottes Kinder geworden. Das erste Mal wurden wir Seine Kinder durch die Schöpfung, beim zweiten Mal wurden wir mit dem Preis des Blutes erkauft. Die Absicht Gottes bei der Schöpfung und bei der Erlösung war die gleiche: Er möchte, daß wir die Gnade preisen, die Er uns erwiesen hat. Solange wir die Gnade Gottes preisen und Ihm die Ehre geben, gibt es nichts, was uns von der Liebe Christi trennen kann. Wie Jesus es selbst gesagt hat: „Und ich gebe ihnen ewiges Leben, und sie werden in Ewigkeit nicht umkommen, und niemand wird sie aus meiner Hand reißen. Mein Vater, der sie mir gegeben hat, ist größer als alle, und niemand kann sie aus meines Vaters Hand reißen" (Joh. 10:28,29).

Unsere Beziehung als Kinder zu Gott, kraft des Blutes Jesu, besteht in einem geistlichen Blutsband. Es gibt niemand, der dieses Band durchtrennen kann — weder in dieser noch in der zukünftigen Welt.

Näher zu unserem Vater kommen

Jesus erklärte, Gott „unseren Vater" zu nennen. Die richtigen Gedanken sind dabei folgende Überlegungen:

Wenn wir unsere Gedanken auf Gott unseren Vater konzentrieren, müssen wir immer das kostbare Blut Jesu im Gedächtnis behalten. Die Tatsache unserer Errettung bedeutet nicht, daß wir fähig sind, ohne das Werk des Blutes vor Gott bestehen zu können. Das Lied, mit dem wir Gott für immer preisen werden, bezieht sich auf die Kraft des Blutes. Die Zukunftsvision, die der Apostel Johannes auf der Insel Patmos schaute, enthielt unter anderem die erretteten Heiligen im Himmel, die Jesus als das Lamm anbeteten: „Würdig bist du, das Buch zu nehmen und seine Siegel zu brechen; denn du bist geschlachtet worden und hast für Gott mit deinem Blut Menschen erkauft aus allen Stämmen und Zungen und Völkern und Nationen und hast sie für unseren Gott zu einem Königreich und zu Priestern gemacht, und sie werden herrschen auf Erden" (Off. 5:9,10).

In derselben Vision sah Johannes die große Menge der Heiligen, die durch Verkündigung der 144 000 Israeliten gerettet worden waren, vor dem Thron und dem Lamm stehen und ausrufen: „Das Heil steht bei unserem Gott, der auf dem Throne sitzt, und bei dem Lamm" (Off. 7:10).

Weil wir ewiglich von dem Blut Jesu singen werden, um uns an unsere Erlösung zu erinnern, müssen wir, wenn wir beten „Unser Vater im Himmel" bedenken, daß Gott sowohl der Vater Jesu als auch unser Vater ist. Als Jesus sich zum ersten Mal mit Seinem Auferstehungsleib vor Maria Magdalena zeigte, nachdem Er den Willen Gottes erfüllt hatte, uns durch Seinen Tod am Kreuz zu Seinen Kindern zu machen, sagte Er: „Gehe aber zu meinen Brüdern und sage ihnen: Ich fahre auf zu meinem Vater und eurem Vater, zu meinem Gott und eurem Gott" (Joh. 20:17). Ohne zu zögern nannte Jesus Seine Jünger Brüder. Sein Vater wurde der Vater der Jünger; Sein Gott wurde der Gott der Jünger.

Wir waren nicht in der Lage, Gott „unseren Vater" zu nennen, bis Jesus uns dieses Vorrecht verlieh. Wenn wir Gott „unseren Vater" nennen, müssen wir uns auch daran erinnern, daß Er der Vater aller Gläubigen ist, die durch die Gegenwart Jesu Christi in ihren Herzen vereinigt sind. Jeder, der Gott anbetet, Ihn lobpreist, an Jesus als seinen Erretter glaubt und den Heiligen Geist anerkennt und Ihn als den Beistand willkommen heißt, ist ein Bruder oder eine Schwester in

Gott. Wir sind das Baumaterial des geistlichen Tempels, in dem Gott wohnt. Jesus sagte: „Wo zwei oder drei in meinem Namen versammelt sind, da bin ich mitten unter ihnen“ (Mt. 18:20).

Gott wohnt in uns durch den Heiligen Geist, der uns zu Seinem Tempel macht (siehe 1. Kor. 3:16). In seinem Brief an die Epheser sagte Paulus: „In welchem [Christus] der ganze Bau zusammengefügt, wächst zu einem heiligen Tempel im Herrn, in welchem auch ihr miterbaut werdet zu einer Behausung Gottes im Geist“ (Eph. 2:21,22). Unsere Brüder und Schwestern im Herrn sollten darin eins sein, das Haus Gottes auf der Grundlage des Lebens, des Todes und der Auferstehung Christi zu bauen und es rein zu halten, damit der Geist Gottes darin wohnen kann.

Wenn wir Gott „unseren Vater“ nennen, sollten wir auch an unsere ungläubigen Nachbarn denken, die den Herrn noch nicht kennen. Sie benötigen das Hören unseres Zeugnisses von der Liebe des Vaters. Es ist der Wille Gottes, daß alle, die es hören, dem Evangelium glauben. Und alle, die ihm glauben, sollen ewiges Leben haben. Gott knüpft keine weiteren Bedingungen oder Beschränkungen an unsere Errettung.

Gott sagt deutlich: „Und der Geist und die Braut sprechen: Komm! Und wer es hört, der spreche: Komm! Und wen dürstet, der komme; und wer da will, der nehme das Wasser des Lebens umsonst“ (Off. 22:17).

Bevor Jesus in den Himmel auffuhr, sagte Er zu Seinen Jüngern: „Aber ihr werdet Kraft empfangen, wenn der Heilige Geist über euch kommt, und werdet

Zeugen für mich sein in Jerusalem und in ganz Judäa und Samaria und bis an das Ende der Erde" (Apg. 1:8). Gott möchte, daß alle Menschen Seine Kinder werden, und Er gibt uns die Kraft, die gute Nachricht zu verbreiten.

Unser Vater im Himmel

Wenn wir zu Gott unserem Vater sprechen, benötigen wir eine richtige Kenntnis davon, wo Er sich befindet. Wir sollten die Vorstellung beseitigen, daß Er sich an einem nur vage bestimmbaren, weit entfernten Ort befindet. Statt dessen ersetzen wir diese Vorstellung durch ein genaues Bild des Ortes, an dem Er wohnt — und zwar in Raum und Zeit. In Jesaja 43:10 sagt Gott, Er möchte, daß wir Ihn bis ins kleinste Detail kennen. Darum wollen wir betrachten, was wir über Seine Wohnstätte und Sein Wesen und Dasein wissen.

Wo ist Gott?

Seit dem Fall Adams und Evas war es keinem Menschen möglich, Gott aus sich selbst zu erkennen. Wegen der Sünde war der Weg zur Erkenntnis Gottes versperrt. Wenn Gott sich heutzutage nicht selbst offenbarte, könnte niemand Ihn erfahren.

Vor mehr als drei Jahrzehnten, als ich die Bibel zum ersten Mal las, nachdem ich mein Herz dem Evangelium geöffnet hatte, wurde ich sehr durch den

Dienst und die Liebe Jesu bewegt. Es beschäftigte mich aber eine Frage. Nach meinem Verständnis geschahen die Wunder Jesu vor zweitausend Jahren im Lande Judäa. Sie hatten nichts mehr mit mir zu tun. Ich lebte heute und im Fernen Osten. Die Bibel, die ich las, schien nicht mehr zu sein als ein Buch mit historischen Geschehnissen. Was hatte ich mit einem Buch zu tun, das zweitausend Jahre zuvor für die Juden geschrieben worden war?

So erhoben sich Fragen über Fragen und verwirrten mich. Doch ich fuhr mit dem Weiterlesen der Bibel fort, um eine Antwort zu finden, die mich von meinen Zweifeln befreien konnte. Ich stellte mir sogar vor, mit den großen Persönlichkeiten, die Gott begegnet waren, imaginäre Gespräche zu führen. Vielleicht würde mir das mehr Einsicht verschaffen, überlegte ich.

In meinen eingebildeten Gesprächen suchte ich zuerst Adam auf, den Urvater des Menschengeschlechts. „Vater Adam“, fragte ich, „wo bist du Gott begegnet?“ Adam antwortete: „Du kannst Ihm im Garten Eden begegnen. Dort habe ich immer in der Kühle des Abends mit Ihm gesprochen.“ „Aber bist du nicht von diesem Ort vertrieben worden? Und ist es nicht so: Niemand hat mehr Zutritt zu diesem Ort?“ Als ich diese Frage stellte, schwieg Adam still und senkte seinen Kopf.

Ohne zufriedenstellende Antwort ging ich zu Abraham, dem Vater der Gläubigen. „Abraham, da du doch immer mit Gott gewandelt bist, kannst du mir sagen, wo Gott sich befindet?“ „Immer wenn ich Gott begegnen wollte“, antwortete er, „baute ich einen Altar, brachte ein Tieropfer dar und wartete. Manchmal offenbarte Er sich schnell, zu anderen Zeiten dauerte es länger. Nur an diesem Altar begegnete ich Ihm. Ich weiß nicht, wo Er jetzt ist."

Danach ging ich zu Mose, dem großen Diener des Herrn, der Ihm gehorchte und die Israeliten aus Ägypten befreite. „Mose", fragte ich, „bist du nicht Gott in der Flamme eines brennenden Busches am Berg Horeb begegnet? Und bist du Ihm nicht auch auf der Spitze des Sinai begegnet? Sicher kannst du mir sagen, wo Gott ist." „Gott wohnte in der Stiftshütte, die wir gebaut hatten. Ich bin Ihm dort immer am Gnadenthron in der Stiftshütte begegnet, aber wo Er jetzt ist, weiß ich nicht."

Immer noch unbefriedigt, ging ich hinüber zu König Salomo. „König Salomo, du bist doch der, der Gott einen Tempel baute, in dem Gott wohnen konnte. Kannst du mir denn auch sagen, wo Er jetzt ist?" „Selbstverständlich, Gott wohnte in dem Tempel, den ich gebaut hatte. Das Volk kam immer dorthin, um zu beten, und sie erhielten Antwort. Auch wenn sie in einem fremden Land waren, empfingen sie Antwort, wenn sie ihre Gesichter beim Gebet in die Richtung des Tempels wandten." „O König, aber wurde der Tempel denn nicht vor 2600 Jahren bei der Invasion der Assyrer und Babylonier zerstört?"

Auch von König Salomo erhielt ich keine konkrete Antwort. So begab ich mich hinüber zu Johannes dem Täufer. „Johannes, wo ist der Gott, dem du begegnet bist?" fragte ich. „Siehe, das ist Gottes Lamm, das die Sünden der Welt hinwegnimmt", gab er zur Antwort. „Gott ist in Jesus."

Ich spürte, wie mein Herz aufgeregt wurde, und begann, die Evangelien — angefangen bei Matthäus, über Markus und Lukas bis zu Johannes — zu lesen. Dann kniete ich demütig vor Jesus nieder und bat: „Jesus, laß mich doch bitte wissen, wo Gott jetzt ist." Mit Hilfe des Heiligen Geistes las ich die Schriftstellen, die als Antwort auf diese Frage niedergeschrieben wurden:

„Jesus spricht zu ihm: Ich bin der Weg und die Wahrheit und das Leben; niemand kommt zum Vater, denn durch mich. Hättet ihr mich erkannt, so würdet ihr auch meinen Vater kennen; und von nun an kennet ihr ihn und habt ihn gesehen. Philippus spricht zu ihm: Herr, zeige uns den Vater, so genügt es uns. Spricht Jesus zu ihm: So lange Zeit bin ich bei euch, und du kennst mich noch nicht? Philippus, wer mich gesehen hat, der hat den Vater gesehen! Wie kannst du sagen: Zeige uns den Vater? Glaubst du nicht, daß ich im Vater bin und der Vater in mir ist? Die Worte, die ich zu euch rede, rede ich nicht von mir selbst, sondern der Vater, der in mir wohnt, tut die Werke. Glaubet mir, daß ich im Vater bin und der Vater in mir ist; wo nicht, so glaubet mir doch um der Werke willen" (Joh. 14:6-11).

Als ich die Stimme Jesu durch diese Schriftstelle zu mir sprechen hörte, begann das Licht der Wahrheit in meinem Herzen aufzuleuchten; die Wolken von Zweifel begannen zu verschwinden. Aber ich war noch nicht vollständig frei von Zweifeln. So fragte ich wiederum: „Herr Jesus, als Du in dieser Welt warst, begegneten Menschen Gott dem Vater und sahen Seine

Werke durch Dich. Aber weil Du gekreuzigt, gestorben, auferstanden und dann in den Himmel aufgefahren bist, können wir Gott nicht begegnen. Wo ist denn Gott zu dieser Stunde — in diesem Augenblick?“

Jesus antwortete mir, indem Er eine andere Schriftstelle in meinen Verstand und in mein Herz legte.

„Und ich will den Vater bitten, und er wird euch einen anderen Beistand geben, daß er bei euch bleibe in Ewigkeit, den Geist der Wahrheit, welchen die Welt nicht empfangen kann, denn sie beachtet ihn nicht und kennt ihn nicht; ihr aber kennet ihn, denn er bleibt bei euch und wird in euch sein. Ich lasse euch nicht als Waisen zurück, ich komme zu euch. Noch eine kleine Weile, und die Welt sieht mich nicht mehr; ihr aber seht mich, denn ich lebe, und auch ihr sollt leben! An jenem Tage werdet ihr erkennen, daß ich in meinem Vater bin und ihr in mir und ich in euch“ (Joh. 14:16-20).

Dieses Wort von Jesus gab mir sofort Einsicht. Durch diese Schriftstelle lernte ich, daß, als ich Jesus als Erlöser in meinem Herzen empfing — d. h. die Errettung durch die Reinigung des kostbaren Blutes Jesu annahm —, sowohl Gott der Vater als auch Sein Sohn durch den Heiligen Geist in meinem Herzen Wohnung genommen hatten. Von diesem Moment an widerstand ich entschlossen den Versuchungen des Teufels. Gott zerstreute in meinem Herzen alle Wolken von Zweifel. Wie Jesus sagte: „Wenn jemand mich liebt, so wird er mein Wort befolgen, und mein Vater wird ihn lieben, und wir werden zu ihm kommen und Wohnung bei ihm machen“ (Joh. 14:23).

Auch die Apostel bekräftigten immer wieder, daß Gott mit uns ist. Wenn wir den Apostel Paulus fragten, wo Gott sei, würde er wahrscheinlich sagen: „Wißt ihr nicht, daß ihr Gottes Tempel seid und der Geist Gottes in euch wohnt?“ (1. Kor. 3:16). Und Johannes würde wahrscheinlich antworten: „Kindlein, ihr seid aus Gott und habt jene überwunden, weil der in euch größer ist als der in der Welt“ (1. Joh. 4:4).

Wo in uns befindet sich nun Gott? Die Bibel sagt: „Der uns gesalbt hat, der hat uns auch versiegelt und in unsere Herzen das Pfand des Geistes gegeben“ (2. Kor. 1:22). Gott ist in der Mitte unseres Herzens durch den Heiligen Geist. Und weil Er sich in der Mitte unseres Herzens befindet, ist unser Herz das Reich des Himmels geworden. Wie Jesus sagte: „Denn siehe, das Reich Gottes ist inwendig in euch“ (Lk. 17:21). Der Name Immanuel bedeutet: „Gott mit uns.“

Ist unser Herz Gottes einzige Wohnstätte? Nein. Wenn das der Fall wäre, würde das biblische Versprechen über unsere himmlische Wohnung, in die wir eines Tages ziehen werden, ungültig. Jesus sagte mit Bestimmtheit: „In meines Vaters Hause sind viele Wohnungen; wo nicht, so hätte ich es euch gesagt. Ich gehe hin, euch eine Stätte zu bereiten. Und wenn ich hingehe und euch eine Stätte bereite, so komme ich wieder und werde euch zu mir nehmen, damit auch ihr seid, wo ich bin“ (Joh. 14:2,3). Markus berichtete: „Der Herr [Jesus] nun, nachdem er mit ihnen geredet hatte, ward aufgenommen in den Himmel und setzte sich zur Rechten Gottes“ (Mk. 16:19). Auch der Verfasser des Hebräerbriefes bezeugte, daß Jesus „sich zur Rechten des Thrones Gottes gesetzt hat" (Heb. 12:2). Außerdem beschrieb der Apostel Johannes in seiner Vision in genauen Einzelheiten den Himmel, wo Gott ist. Das alles dient dazu, uns zu zeigen, daß Gott schließlich Sein ewiges Königreich an einem Ort offenbaren wird, der Himmel heißt und der noch vor uns verborgen ist. Er wird uns dorthin bringen, um für immer mit Ihm zu leben. Warum ist Gott dann auf diese Welt gekommen, und warum wohnt Er in unserem Herzen?

Da Gott gerecht und heilig ist, konnte kein ungerechtes Mitglied der gefallenen menschlichen Rasse vor Ihm bestehen. Niemand konnte Gott erkennen, da der Geist der Menschheit starb, als Adam fiel. Selbst der größte Gelehrte unserer Tage ist wie ein blinder Mann, wenn es um die Erkenntnis Gottes geht. Wenn Gott uns nicht erlaubt, Ihn zu erkennen, kann kein Auge sehen und kein Ohr hören und in keines Menschen Herz gelangen, was Gott denen bereitet hat, die ihn lieben (siehe 1. Kor. 2:9).

Jesus ist in Menschengestalt auf die Welt gekommen, um Gott für uns zu offenbaren und Gottes Willen zu erfüllen — um uns von Sünde zu befreien und uns zu Seinen Kindern zu machen. Wenn unsere Sünden vergeben und wir durch die Kraft des Blutes Jesu wiedergeboren sind, kommt Er in unsere Herzen und wohnt darin durch den Heiligen Geist.

Von diesem Moment an sind wir Kinder Gottes und Bürger des Himmels. Da wir nun Bürger des Himmels sind, empfangen wir auch die Segnungen, die

Gott für uns bereitet hat, und dürfen uns daran erfreuen.

Unser Gott unterstützt und bewahrt Seine Kinder, die Er mit dem Preis des Blutes Seines einzigen Sohnes erkauft hat. Er schenkt ihnen Wachstum und sorgt dafür, daß sie Frucht hervorbringen. Wenn wir zu „unserem Vater im Himmel" beten, müssen wir an Ihn als den Gott denken, der auf Seinem Thron vom Himmel her regiert, der diejenigen mit dem Heiligen Geist versiegelt, die an Seinen Sohn glauben, der sie auch zu Seinen Kindern macht. Er wohnt in unseren Herzen, will uns in das Himmelreich führen und uns ehren. Ein solcher Gott ist unser Vater!

Gott in der Gegenwart, Vergangenheit und Zukunft

Zu welchem Zeitabschnitt gehört Gott? Einige Menschen behaupten, daß Gott zwar in der Vergangenheit wirkte, aber heute nichts mehr tut. Der französische Philosoph Voltaire vertrat die Meinung, daß Gott diese Welt geschaffen hätte, wie ein Uhrmacher eine perfekte Uhr zusammenbauen würde; doch beeinflusse Er nun nichts mehr in dieser Welt, weil alles gut nach den Gesetzen abliefe, die Er in Bewegung setzte.

Einige Theologen haben behauptet, daß dieser Gott, der Offenbarungen gab, Wunder vollbrachte und zu einer Zeit unter uns einmal gewirkt hat, tot ist. Sie erklären, diese Welt würde nur durch menschliche Weisheit und das Sozialsystem, das die Menschen erfunden haben, ein besserer Ort zum Leben werden.

Im Licht von Gottes Wort wollen wir nun das Falsche und Böse ihrer Behauptung untersuchen. „Und nochmals sprach Gott zu Mose: Also sollst du zu den Kindern Israel sagen: Der Herr, der Gott eurer Väter, der Gott Abrahams, der Gott Isaaks und der Gott Jakobs, hat mich zu euch gesandt; das ist mein Name ewiglich und meine Benennung von Geschlecht zu Geschlecht" (Ex. 3:15).

Diese Textstelle zeigt, daß der Gott Abrahams auch der Gott Isaaks war, dem Sohn Abrahams, und der Gott Jakobs, Abrahams Enkel. Er wurde auch der Gott von Mose und dem Volk Israel zu Moses Lebzeiten. Gott sprach: „Denn ich, der Herr, verändere mich nicht, darum seid ihr, Kinder Jakobs, nicht aufgerieben worden" (Mal. 3:6). Für Seine Getreuen im Alten Testament war Gott immer der Gott der Gegenwart. Der Gott Abrahams war der Gott Samuels; der Gott Samuels war der Gott Salomos und Daniels Gott.

Ist Gott dann also nur der Gott des Alten Testaments, aber nicht der des Neuen Testaments? Am vierten Tag, nachdem Marthas Bruder Lazarus verstorben war, kam Jesus nach Bethanien, wo sie lebten. Martha fiel vor Jesus auf ihr Angesicht, klagte und weinte: „Herr, wärest du hier gewesen, mein Bruder wäre nicht gestorben."

Martha vertraute der Macht von Jesus — in der Vergangenheit —, aber Jesus sagte: „Dein Bruder soll auferstehen." „Ich weiß, daß er auferstehen wird in der Auferstehung am letzten Tage." Martha erkannte den Jesus der Vergangenheit und den Jesus der Zukunft an, aber sie konnte den Jesus der Gegenwart nicht begreifen, der gerade ein Wunder vor ihren Augen wirkte. Jesus sagte mit einem Seufzer: „Ich bin die Auferstehung und das Leben. Wer an mich glaubt, wird leben, auch wenn er stirbt; und jeder, der da lebt und an mich glaubt, wird in Ewigkeit nicht sterben. Glaubst du das?" (Joh. 11:21-26). Gott, den wir „unseren Vater" nennen, ist der Gott der Vergangenheit; Er erschuf diese Welt. Gleichzeitig ist Er der Gott der Gegenwart; Er hält alles in Seiner Hand durch Seine Macht, die täglich nach Seinem Willen wirkt. Und Er ist auch der Gott der Zukunft. Er ist unser ewiger Gott. Kurz bevor Jesus in den Himmel zur Rechten Gottes des Vaters auffuhr, sagte Er: „Und siehe, ich bin bei euch alle Tage bis ans Ende der Weltzeit" (Mt. 28:20). Da sich alle Verheißungen Jesu täglich in unserem Leben erfüllen, erkennen wir, daß dieses Wort unseres Herrn die unfehlbare Wahrheit ist.

Selbst nach der Himmelfahrt Jesu schrieben die Apostel immer von dem Gott der Gegenwart: „Dem aber, der weit mehr zu tun vermag, als wir bitten oder verstehen, nach der Kraft, die in uns wirkt" (Eph. 3:20). „Denn Gott ist es, der in euch sowohl das Wollen als auch das Vollbringen wirkt, nach seinem Wohlgefallen" (Phil. 2:13). „Jesus Christus ist gestern und heute und derselbe auch in Ewigkeit" (Heb. 13:8).

Hinzu kommt, angefangen vom apostolischen Zeitalter bis in die Gegenwart hinein, daß Millionen von Vorfahren im Glauben mit dem Gott der Gegenwart gelebt haben, bis sie in den Himmel abberufen wurden. Unser Vater *ist* der lebendige Gott; Er ist derselbe gestern und heute und in Ewigkeit.

Wenn Gott unser Vater wird

Haben Sie jemals über die Stellung, die wir bekommen, und den Segen, den wir empfangen, nachgedacht, wenn wir, die wir geistlich tot waren, durch den Glauben an die Macht des Blutes Jesu zum Leben erwachen? Haben Sie schon einmal unendliche Freude und ewige Hoffnung geschmeckt? Haben Sie je Kühnheit erlebt, die so stark ist wie ein Fels?

Gott, unser guter Vater, ist weitaus besser, als ein irdischer Vater es sein kann, unabhängig davon, wie gut und wunderbar dessen Qualitäten sind. Wenn wir unsere Gedanken auf Gott den Vater richten, empfinden wir Seine Liebe und Seine väterlichen Eigenschaften. Ein Vater ermahnt uns in Liebe. Er ermutigt uns und hat auch Erwartungen an uns. Er vergibt und tröstet uns, wenn wir Kummer haben. Solch ein Vater wird Gott für uns — und darüber hinaus: Er ist der Vater der Gerechtigkeit und der Vater der Liebe. Ebenso ist Er der Vater von Kraft und Voraussicht. Als Jesus uns Gott den Vater vorstellte, verwandte Er ein dramatisches Beispiel:

„Oder ist unter euch ein Mensch, der, wenn sein Sohn ihn um Brot bittet, ihm einen Stein gäbe, oder, wenn er um einen Fisch bittet, er ihm eine Schlange gäbe? Wenn nun ihr, die ihr arg seid, euren Kindern gute Gaben zu geben versteht, wieviel mehr wird euer Vater im Himmel denen Gutes geben, die ihn bitten" (Mt. 7:9-11).

Schließen Sie für einen Moment die Augen und denken Sie über das Gleichnis vom verlorenen Sohn nach. Stellen Sie sich die Szene vor, in der sich der Sohn auf dem Weg zurück zu seinem Vaterhaus befindet. Wenn Sie sich erinnern, dann wissen Sie, daß er ein ungehorsamer Sohn und ein egoistischer Bruder war. Weil er sein ganzes Erbe verpraßt hatte, lebte er ein erbärmliches Leben und mußte den Spott und die Verachtung der Dorfbewohner ertragen, wo immer er hinkam. Mehrere Male am Tag unterdrückte er das Verlangen, umzukehren und zurückzugehen oder völlig aufzugeben. Doch er ging weiter, näher und näher auf das Haus seines Vaters zu. Endlich gelangte er an den Rand seines Heimatdorfes. Es war ihm, als höre er das Geflüster der Dorfbewohner wie Wasserrauschen, die ihn immer wieder verspotteten. Er fühlte ihre verachtenden Blicke, die wie heißes Sonnenlicht auf ihm brannten.

Als er aber den Dorfeingang erreichte, wurde er von seinem Vater willkommen geheißen, der mit offenen Armen dort stand. Die erste Person, die der verlorene Sohn antraf, war nicht eine geschwätzige Frau des Dorfes, oder sein gesetzlicher, älterer Bruder. Es war sein liebender, barmherziger Vater, der von der Zuneigung eines Vaters zu seinem Sohn angetrieben wurde. Als er die erbärmliche Gestalt seines Sohnes sah, rannte der Vater ihm entgegen, fiel ihm um den Hals und küßte ihn. Der Sohn, bedrückt durch ein schlechtes Gewissen, demütigte sich. Er bat den Vater, ihn als einen seiner Diener anzustellen. Doch zum Erstaunen des Jungen befahl der Vater seinen Dienern, ihm die besten Kleider anzuziehen, einen Ring anzustecken und ihm Schuhe an seine geschwollenen Füße zu geben. Er ließ ein Kalb schlachten und rief zu einem Fest zusammen.

Mit lauter Stimme verkündete der Vater den Dorfbewohnern: „Laßt uns essen und fröhlich sein! Denn dieser mein Sohn war tot und ist wieder lebendig geworden; er war verloren und ist wiedergefunden worden“ (Lk. 15:23,24). Dann feierten sie von Herzen die Wiederherstellung der Beziehung zwischen Vater und Sohn. Die erneuerte Beziehung zwischen ihnen war von dem Vater ausgegangen, der ihn als „mein Sohn“ bezeichnet hatte.

Eine ähnlich dramatische Begegnung findet zwischen Gott und uns statt. Nicht wir bezeichnen Gott zuerst als „Vater“; Gott ruft uns zuerst als Seine „Kinder“. Das ist die Gnade Gottes, die Er uns freiwillig gibt — ohne irgend etwas zurückzuerwarten. Was gibt Gott unser Vater Seinen Kindern?

Gott macht uns frei

Wenn wir durch den Heiligen Geist Gott „Vater“ nennen und uns wie der verlorene Sohn an Seine Brust werfen, werden wir von Angst und Unruhe befreit — Angst und Unruhe sind die Feinde, die eine Person lähmen und menschliches Leben zerstören können.

Der Teufel geht umher wie ein brüllender Löwe, um das menschliche Herz zu beunruhigen und zu ängstigen.

Eine Methode moderner Kriegführung ist psychologischer Natur. Ihre Taktik besteht darin, Unruhe im Geist des Feindes hervorzurufen, damit er sich schon vor Beginn des tatsächlichen Angriffs ergeben soll. Unser Feind, der Teufel, setzt ebenso psychologische Kriegführung gegen uns ein. Im ersten Stadium wird der Friede im Sinn und Geist eines Menschen gebrochen. Man denkt ab und zu über negative Dinge nach. Nach einiger Zeit sieht man die negativen Dinge schon viel deutlicher. Die Unruhe wird zur Angst. Wenn jemand eine Weile in diesem Angstzustand verharrt, meint die betreffende Person, daß diese Dinge wirklich geschehen. Es ist das Stadium von Terror — ein Gefühl, das in einem aufsteigt, je klarer man den Gegenstand seiner Angst zu erkennen meint. Diese drei Zustände können über eine lange Zeitspanne in Erscheinung treten. Manchmal aber treten sie unmittelbar zusammen auf.

Wenn wir uns in diesem Schreckzustand befinden, bekennen wir negative Gedanken mit unserem Mund. Wenn wir sagen: „Das kann ich nicht" oder „Mir reicht es" oder „Es ist unmöglich für mich", dann haben wir in unserem Herzen bereits mit der Sache abgeschlossen, obwohl in Wirklichkeit eigentlich noch gar nichts geschehen ist. Wenn wir in ein negatives Ergebnis eingewilligt und es akzeptiert haben, ist es nur noch eine Frage der Zeit, bevor wirkliches Versagen uns überkommt.

Unruhe nimmt uns auch Freude und Gesundheit. Dr. Walter Clement Alberg, ein Spezialist auf dem Gebiet von Magen- und Darmkrankheiten an der Majo-Klinik in Minnesota, USA, sagt, daß die meisten diesbezüglichen Krankheiten durch Unruhe ausgelöst werden. Die Sprüche 18:14 sagen: „Ein männlicher Mut erträgt sein Leiden; wer aber kann einen niedergeschlagenen Geist aufrichten?" Das bedeutet: Wenn wir den Frieden in unserem Herzen festhalten und dann ermutigt sind, wird eine Erkrankung unseres Körpers schnell geheilt. Umgekehrt bedeutet es: Wenn unsere Herzen krank werden, gibt es kein Heilmittel. Als Konsequenz entwickeln sich für uns noch ernstere Probleme.

Wo und wann haben diese zerstörerischen Gefühlsregungen begonnen?

Unruhe und Angst waren die Gefühle, die Adam und Eva ergriffen, als sie sündigten. Adam und Eva lebten einst in enger Gemeinschaft mit Gott. Aber als sie der Versuchung Satans nachgaben, von der Frucht des Baumes der Erkenntnis aßen und das Gebot Gottes brachen, packte Angst ihre Herzen. Sie konnten mit Gott nicht mehr wie gewohnt zusammentreffen; sie verbargen sich hinter den Bäumen des Gartens vor Gottes Gegenwart. Und als Gott Adam rief und sprach: „Wo bist du?", sagte er: „Ich hörte deine Stimme im Garten und fürchtete mich; denn ich bin nackt, darum verbarg ich mich" (Gen. 3:9,10). Unruhe und Angst hatte Gott nicht von Anfang an als Gefühle in das menschliche Herz hineingepflanzt. Es sind zerstörerische Gefühle, die Satan durch Sünde in die Welt hineingebracht hat.

Adam und Eva wandten sich von dem Vater im Himmel ab. Als Folge davon leben ihre Nachkommen bis zu diesem Tag inmitten von Unruhe und Angst. Solange wir Gott nicht „Vater“ nennen, haben wir ein schlechtes Gewissen und Schuldgefühle. Wir befürchten, verdammt zu werden. Viele versuchen, es rational zu vereinfachen und sich selbst zu rechtfertigen, indem sie sagen: „Ich bin rein“ oder „Ich bin gewissenhaft“, weil sie von Schuldgefühlen gequält werden. Mit anderen Worten, sie mühen sich ab, um sich von der Inbesitznahme durch Angst vor Verdammnis selber zu befreien.

Diejenigen, die sich von Gott abgewandt haben, zittern auch vor Furcht, die von einem tiefsitzenden Gefühl von Sinnlosigkeit herrührt. Viele Menschen fragen sich: „Woher kommen wir? Warum leben wir?“ oder: „Wo werden wir nach dem Tod sein?“ Einige fragen: „Was bedeutet eigentlich ein besseres Leben — mehr Zeit und mehr Geld? Was heißt das?“

Wenn ich Evangelisationen in Ländern mit einem hohen Lebensstandard leite, treffe ich oft auf Menschen, die von solchen Fragen gequält werden. Die meisten von ihnen sind Mitte Vierzig; sie haben gesellschaftliche Anerkennung und gesicherte Lebensverhältnisse erreicht. Einstimmig erklären und fragen sie: „Pastor Cho, ich habe meine tägliche Routine am Arbeitsplatz satt. Von meinem Familienleben bin ich enttäuscht. Ich habe jeden Willen zum Leben verloren! Was soll ich nur machen?“ Sie leiden an der Leere ihrer Herzen. Mit aller Kraft haben sie mehr als zwanzig Jahre lang versucht, ihr Leben mit der Vorstellung zu führen, daß sie glücklich würden, wenn sie nur eine gesellschaftliche Position, Ehre, Macht und Reichtum besäßen. Aber zu ihrer großen Enttäuschung fanden sie heraus, daß das Glück immer noch weit entfernt war, als sie diese Dinge erreichten. Sinnlosigkeit ist wie eine Flutwelle über sie gekommen.

Auch die Sorge über den Tod beschäftigt die Menschen. Jedes menschliche Wesen wird mit der Bestimmung, sterben zu müssen, geboren. An der Schwelle des Todes wird jede Person, die sich nicht auf das Sterben vorbereitet hat, vor Furcht zittern. Niemand weiß den Zeitpunkt seines Todes, aber welche Person über Vierzig hat nicht schon über die Möglichkeit des Sterbens nachgedacht? Wenn Menschen Beerdigungen beiwohnen, denken sie, das könnte auch ihre eigene sein. Angst vor dem Tod kann ein tiefer, unterschwelliger Gedankengang sein, der eine ungläubige Person durchzieht.

Die Menschen sind ebenfalls unsicher wegen der Zukunft. Was wird mit ihnen geschehen? Werden sie eines Tages völlig hilflos vor irgendwelchen Problemen stehen, die sie zu überrollen drohen?

Im Zweiten Weltkrieg sind 300 000 junge Amerikaner umgekommen. Die Zahl von US-Bürgern aber, die an einem Herzanfall starben, der durch Angst, Kummer und Sorge ausgelöst wurde, weil ihre Söhne und Ehemänner an die Front geschickt wurden, wird auf über eine Million geschätzt. Sorge und Furcht brachten dreimal mehr Menschen um als Waffen!

Der tiefere Grund der großen Krise in den dreißiger Jahren dieses Jahrhunderts war Unruhe in den

Herzen der Amerikaner. Es verbreitete sich ein Gerücht: „Eine große Wirtschaftskrise wird kommen. Die Aktien werden nur noch wertloses Papier sein. Man kann seine Ersparnisse nicht mehr von der Bank abheben, weil das die Bankreserven aufbrauchen wird.“ Die Menschen stürmten in die Banken und hoben alle ihre Ersparnisse ab. Als die Banken schlossen, kam es zu Firmenzusammenbrüchen. Millionen arbeitsloser Menschen saßen auf der Straße — als Ergebnis von Angst und Sorge.

Wie können wir nun frei gemacht werden von Besorgnis, Angst und Furcht? Wenn Gott unser Vater wird, verläßt uns die Sorge — wie der Dunst, der mit dem Erscheinen der Morgensonne verschwindet. Wir werden befreit von den Ketten der Sorge und haben Frieden und Ruhe, wie der See Genezareth nach der Stillung des Sturms.

Wir sind befreit worden von der Sorge um ein schlechtes Gewissen und von Verdammnis durch das für uns vergossene Blut Jesu. Er hat uns von unseren Sünden am Kreuz erlöst. Satan hat keine Herrschaft mehr über uns und kann uns nicht verklagen. Durch unseren Glauben und unser Vertrauen auf das Blut Jesu ist Gott unser Vater geworden, und wir sind gerechtfertigt. Mit anderen Worten: Wir sind vor Gott in den Stand der Gerechten versetzt worden und sind nicht mehr von Sünde befleckt.

Wie werden wir von der Leere, die aufkommt, wenn wir das Leben als sinnlos empfinden, befreit? Wenn Gott unser Vater wird, erkennen wir das Ziel des Lebens und seinen Sinn: Wir leben zur Ehre Gottes.

Gott hat uns nach Seinem Willen geschaffen und uns vorherbestimmt zur Kindschaft gegen Ihn selbst, nach dem Wohlgefallen Seines Willens (siehe Eph. 1:5). Er möchte, daß wir Seinen Willen erfüllen und am Ende in die Wohnung gelangen, die Er für uns bereitet hat. Jesus stellte uns Gott den Vater als den „Herrn des Himmels und der Erde" vor (Mt. 11:25). Es gibt keinen Grund, warum wir, die wir einen solchen Gott zum Vater haben, das Leben als sinnlos empfinden sollten.

Wenn Gott unser Vater wird, werden wir ebenfalls von der Furcht des Todes befreit. Auch wenn unsere Körper sterben, unser Geist gelangt in das Reich unseres himmlischen Vaters. Der Tod unseres physischen Leibes ist der Beginn eines neuen Lebens im Himmelreich.

Jesus sagte: „In meines Vaters Hause sind viele Wohnungen" (Joh. 14:2), die Gott für Seine treuen Nachfolger bereitet hat. Zu Seiner bestimmten Zeit in der Zukunft wird Gott Seine Kinder von den Toten auferwecken, damit sie am Hochzeitsmahl des Lammes im Himmel teilnehmen können. Deshalb können wir voller Kühnheit sagen: „Tod, wo ist dein Stachel? Totenreich, wo ist dein Sieg?" (1. Kor. 15:55).

Unser Vater befreit uns auch von der Sorge um eine ungewisse Zukunft. Gott, den wir durch Jesus Christus erkennen, ist vollkommen, und Er leitet uns in alle Wahrheit durch den Heiligen Geist, unseren Beistand. Da wir nach dem Wohlgefallen Seines Willens Seine Kinder geworden sind, sorgt Er dafür, daß alles uns zum Besten wird. Im Alten Testament führte Gott

Abraham in eine ihm völlig fremde Welt. In Form einer Feuersäule und in einer Wolkensäule führte Er das Volk Israel nach Kanaan. So geschieht es auch heute. Wenn wir Gott unseren Vater nennen und Ihn lieben, führt Er uns mit ähnlichen Säulen — mit der Säule des Friedens und der Freude im Heiligen Geist.

Stehen wir vor Problemen, die größer scheinen als wir selbst, müssen wir uns nur daran erinnern, daß Gott der Vater der Hoffnung ist und der Herr aller Macht. Da Gott unser Vater geworden ist, der Gott, der Himmel und Erde gemacht hat, gibt es nichts, das wir nicht in Ihm durch unseren Glauben tun können.

Jesus offenbarte uns unseren himmlischen Vater als einen allezeit wirkenden Vater. So wie es Jesus sagte: „Mein Vater wirkt bis jetzt, und ich wirke auch" (Joh. 5:17), so sollen auch wir eifrig in der Kraft, die Er uns gibt, zur Ehre Gottes wirken.

Der Prophet Jeremia war in eine tiefe Grube im Hofe eines Gefängnisses eingeschlossen worden. Möglicherweise beklagte er seine Unfähigkeit, irgend etwas zur Verbesserung seiner Lage tun zu können. Aber gerade in dieser Situation kam das gewaltige Wort Gottes zu ihm: „So spricht der Herr, welcher es tut, der Herr, welcher es ausdenkt, um es auszuführen — Herr ist sein Name: Rufe zu mir, so will ich dir antworten und dir große und unbegreifliche Dinge kundtun, die du nicht wußtest" (Jer. 33:2,3).

Die Bibel sagt auch: „Denn Gott ist es, der in euch sowohl das Wollen als auch das Vollbringen wirkt, nach seinem Wohlgefallen" (Phil. 2:13). Aufgrund dieser Verheißung können wir allen Schwierigkeiten zuversichtlich entgegensehen.

Da wir weder aus dem Geblüt, noch aus dem Willen des Fleisches, noch aus dem Willen des Mannes, sondern aus Gott geboren sind (siehe Joh. 1:13), hat Gott die Verantwortung übernommen, uns zu ernähren, zu kleiden, zu erziehen und auszubilden. Wenn wir unseren Vater aufrichtig anrufen, wird alle Sorge und Furcht weichen, mit der Satan uns bedrängt. An ihrer Stelle werden Friede und Freude wie aus einer Quelle hervorsprudeln. Die Bibel macht deutlich: „Denn alle, die sich vom Geiste Gottes leiten lassen, sind Gottes Kinder. Denn ihr habt nicht einen Geist der Knechtschaft empfangen, daß ihr euch abermal fürchten müßtet, sondern ihr habt einen Geist der Kindschaft empfangen, in welchem wir rufen: Abba, lieber Vater! Dieser Geist gibt Zeugnis unserem Geist, daß wir Gottes Kinder sind“ (Röm. 8:14-16). „Der Wandel sei ohne Geiz. Begnüget euch mit dem Vorhandenen. Denn der Herr hat gesagt: Ich will dich nicht verlassen noch versäumen! Also daß wir getrost sagen mögen: Der Herr ist mein Helfer; ich fürchte mich nicht! Was können Menschen mir tun?“ (Heb. 13:5,6).

Wenn wir Gott zu unserem Vater haben, dann gibt es nichts in dieser Welt, vor dem wir uns zu fürchten hätten. Der erste Segen, den Jesus uns zukommen läßt, wenn wir beten „Unser Vater im Himmel“, ist die Befreiung von Sorgen.

Wenn wir Gott „Vater" nennen, können wir frei werden von jedem Minderwertigkeitsgefühl und von Enttäuschungen, die tief in unseren Herzen verwurzelt sind. Wir können im Leben triumphieren.

Das Leben ist ein Kampf von der Kindheit bis ins Alter. Und das Leben wird noch schwerer, wenn wir uns mit anderen vergleichen. Sehr oft sind wir von uns selbst enttäuscht und fühlen uns anderen unterlegen, die bessere Kleidung als wir tragen, die in schöneren Wohnungen leben und die mehr Möglichkeiten als wir selber besitzen.

Dann wissen wir selber allzu gut, daß der überwiegende Teil unserer Sprache, unserer Gedanken und unseres Verhaltens Minderwertigkeitsgefühle reflektiert. Doch je mehr wir das erkennen, desto stärker leiden wir unter Seelenqual und Unausgeglichenheit.

Ein beständiges, negatives Selbstwertgefühl führt zu Melancholie. Diese kann zu anhaltender Selbstverzweiflung führen oder sich in zerstörerische Verhaltensweisen flüchten. Einige Menschen zerstören sich durch Drogen und Alkohol, bis hin zum Selbstmord. Bei anderen zeigen sich destruktive Verhaltensweisen in Beziehungen: Eine Ehefrau z. B. war dermaßen von einem Minderwertigkeitskomplex gefangen, daß sie ihr Heim, den Ehemann und ihre Kinder verließ; eine andere trennte sich von ihrem neugeborenen Baby.

Viele Kriminelle töten und verletzen andere wegen ihres niedrigen Selbstwertgefühls. Manchmal rotten Menschen sich gegen andere zusammen und reißen sie förmlich in Stücke — in der Hoffnung, besser als sie dazustehen.

Woher stammt ein derartig zerstörerisches Verhalten? Die grundlegende Ursache eines Minderwertigkeitskomplexes ist ein Mangel an Liebe. Der deutsche Philosoph Johann Fichte hat einmal gesagt: „Liebe ist der Hauptbestandteil des Menschen." Menschen, denen es in ihrer Kindheit an Liebe gefehlt hat, neigen zur Krankheit, weil Seele und Körper nicht ausreichend genährt wurden und echte, wirkliche Freude ihnen versagt blieb.

Kein Reichtum, keine Macht, keine Ehre kann unser Bedürfnis nach Liebe stillen. Die meisten Insassen von Gefängnissen leiden an einem Liebesdefizit. Während ihrer Kindheit erfuhren sie nicht genug elterliche Liebe. Eine Person, die niemals wahre Liebe erfahren hat, ist nicht in der Lage, andere zu lieben; noch viel weniger kann sie sich selber lieben. Und einer Person, die sich selbst nicht lieben kann, mangelt es in jeder Hinsicht an Vertrauen. Ein oder zwei Fehler, mit denen gewöhnliche Menschen leicht fertig würden, können eine ungeliebte Person dermaßen enttäuschen, daß sie ein Gefühl hoffnungsloser Unfähigkeit bekommt. Ich hörte von einem Mädchen, das sich selbst verbrannte, nachdem sie ihren Universitätsaufnahmetest dreimal nicht bestanden hatte. Wenn sie sich doch nur an der Liebe Gottes hätte festhalten können! Weil Adam aus dem Garten Eden vertrieben wurde, sind Männer und Frauen von der Liebe Gottes abgewichen. Gottes Liebe ist die einzige wirkliche Quelle aller Liebe.

Wie können wir von diesen Gefühlen der Minderwertigkeit und der Enttäuschung, die bei Versagen aufkommen, frei werden? Wird Gott unser Vater, geschehen Wunder; wenn wir erkennen, daß der Größte und Mächtigste dieser Welt uns wahrhaft liebt, dann weichen unser Minderwertigkeitskomplex und das Gefühl von Enttäuschung wie ein Nebelschleier von uns.

Manchmal gibt uns die Liebe zwischen Eheleuten oder unter Freunden Ermutigung und Trost; doch diese Liebe ist veränderlich. Von unseren Eltern empfangen wir tiefere und innigere Liebe. Diese irdische Liebe versagt jedoch in kritischen Momenten — wenn wir sterbenskrank sind, wenn wir vor dem Tod stehen, wenn wir durch Entfernung von den entsprechenden Menschen, der Quelle unserer Liebe, getrennt sind.

Eines Tages betrat eine junge Frau mein Büro. Sie hatte einen Universitätsabschluß, war attraktiv, und doch lag ein gewisser Schatten von Kälte auf ihrem freudlosen Gesicht. Sie beschrieb ihre Situation: „Pastor, ich bin eine unglückliche Frau. Während meiner College-Zeit wurde ich von den liebevollen Worten eines gewissen Mannes verführt. Ich gab mich ihm hin, aber er hat eine Heirat immer wieder hinausgezögert. Schließlich wurde ich mißtrauisch und erforschte seinen Hintergrund. Ich bekam heraus, daß er ein verheirateter Mann, ja sogar der Vater eines Kindes war. Ich führte das Doppelleben mit ihm weiter, da ich nicht wußte, wohin ich mich sonst wenden sollte. Doch verschwanden Freude und Lächeln von meinem Gesicht. Ich vermied es, den Eltern, meinen Brüdern und Schwestern in die Augen zu sehen. Ich wich meinen

Mitstudenten aus. Der Mann kam immer später nach Hause, und eines Tages blieb er fort. Dann fand ich heraus, daß er sich in der Zwischenzeit von seiner Frau hatte scheiden lassen und eine andere Frau geheiratet hatte. Ich war am Ende und besaß weder Hoffnung noch Kraft, weiterleben zu wollen. Mein einziges Interesse besteht darin, mein minderwertiges Leben zu beenden — und sein Leben. Seitdem trage ich einen Dolch versteckt bei mir. In dem Augenblick, wo ich ihn finde, werde ich ihn niederstechen und mich danach selbst umbringen. Jetzt wissen Sie, wer ich bin. Ich komme zu Ihnen, weil ein Freund mich ausdrücklich aufgefordert hat, Sie aufzusuchen. Pastor, gibt es für eine wie mich irgendeine Hoffnung?"

Ihre Augen leuchteten gefährlich. Zorn und Enttäuschung mischten sich mit Verwirrung. Was sie sagte, war wahr: Es schien, als bliebe ihr als einzige Möglichkeit nur Zerstörung übrig. Sie besaß nur noch geringes Vertrauen in Männer ganz allgemein. „Da Sie auch ein Mann sind", sagte sie, „stehen Sie vielleicht auch auf seiner Seite, nicht wahr?" Ich antwortete: „Schwester, Männer und Frauen sind vor Gott gleich. Sie alle sind Fremde und Wanderer in diesem Leben. Im Moment habe ich nicht die richtigen Worte, Ihnen zur Zufriedenheit zu antworten und Hoffnung zu geben. Doch eines kann ich Ihnen sagen, ob Sie es annehmen oder nicht, ist Ihre Sache: Der Gott, der Himmel und Erde und Sie geschaffen hat, liebt Sie immer noch. Und wir, die wir an Jesus glauben, lieben Sie auch."

„Jetzt werde ich Ihnen sagen, was Sie machen

können. Wenn Sie nach Hause kommen, setzen Sie sich, bevor Sie ins Bett gehen, vor den Spiegel. Dann betrachten Sie sich selber und sprechen: ‚Gott liebt mich immer noch!' Wenn Sie am Morgen aufstehen, setzen Sie sich wieder vor den Spiegel und rufen: ‚Du dumme Person! Du elende Person! Trotzdem, Gott liebt dich!' Wenn Sie weinen, lassen Sie es geschehen. Lassen Sie Ihren Tränen freien Lauf. Wenn Ihre Stimme lauter wird, dann schreien Sie ruhig, so laut Sie nur können. Schließen Sie die Augen und stellen Sie sich vor, wie Sie von Gott in Jesus Christus umarmt werden. Stellen Sie sich vor, wie Jesus Ihr sündiges, ungerechtes, häßliches, verlassenes und zerstörtes Leben durchstreicht und es völlig reinwäscht. Sehen Sie das Bild, das Sie von sich zeichnen: Neu und verändert."

Es verging einige Zeit, bevor diese Frau wieder in mein Büro kam. Sobald sie Platz genommen hatte, begann sie zu weinen. Sie legte ein Tuch mit einem eingewickelten Messer darin vor mich hin und sagte: „Ich tat wie Sie mir gesagt haben. Ich dachte nicht, daß es schmerzen würde — mein Leben schien so oder so armselig und miserabel zu sein. Jeden Morgen und jeden Abend habe ich mich vor den Spiegel gesetzt. In Tränen sagte ich: ‚Gott liebt dich trotzdem.' Ich stellte mir Jesus vor, wie Er mich umarmte und mein zerknittertes und häßliches Leben glättete; wie jemand, der es reinwäscht und glattbügelt. Dann spürte ich zu meinem großen Erstaunen Liebe in meinem Herzen. Ich empfand Mitgefühl für den Mann, den ich haßte, und war so verändert, daß ich ernsthaft betete, daß er umkehren und zu Gott kommen solle. Jetzt habe ich Angst, dieses Messer anzuschauen. Bitte werfen Sie es für mich fort, Pastor."

Von diesem Tag an wurde sie eine neue Person. Sie begann zu lächeln, und schließlich heiratete sie einen netten Mann, mit dem sie glücklich ist. Jeder Mann oder jede Frau mögen uns verlassen, Gott verläßt uns niemals! Wenn auch andere uns anklagen und verachten, Gott umarmt uns und zieht uns in Seine Nähe und Wärme. Obwohl andere uns nicht vertrauen, Gott vertraut uns bis zum Schluß. Wenn andere Menschen sagen: „Dies ist das Ende", sagt Gott: „Nein! Das ist erst der Anfang." Sehen wir uns selbst geringer als Staub, betrachtet uns Gott größer als das Weltall. Wer ist dieser Gott, der uns so sehr liebt?

Die Bibel sagt, daß Gott Liebe ist (siehe 1. Joh. 4:8). Wenn wir Gott als „Unseren Vater" anreden, dann sollten wir uns daran erinnern, daß unser Vater Liebe ist. Wie sehr liebte Er uns? Gott hat uns so sehr geliebt, daß Er Seinen Sohn sandte, um am Kreuz zu hängen, bis Sein Leib zerbrochen und Sein Blut vergossen war. Der Prophet Jesaja beschreibt die göttliche Liebe einzigartig: „Aber er wurde durchbohrt um unserer Übertretung willen, zerschlagen wegen unserer Missetat; die Strafe, uns zum Frieden, lag auf ihm, und durch seine Wunden sind wir geheilt. Wir gingen alle in die Irre wie Schafe; ein jeder wandte sich auf seinen Weg; aber der Herr warf unser aller Schuld auf ihn" (Jes. 53:5,6).

Jesus wurde gekreuzigt als Ausdruck sich selbst opfernder, göttlicher Liebe. Gott sieht unsere Stellung und Umstände nicht an. Römer 8:38 und 39 sagen: „Denn ich bin gewiß, daß weder Tod noch Leben, weder Engel noch Mächte noch Gewalten, weder Gegenwärtiges noch Zukünftiges, weder Hohes noch Tiefes noch irgend ein anderes Geschöpf uns zu scheiden vermag von der Liebe Gottes, die in Christus Jesus ist, unserem Herrn!"

Die Tiefe einer Liebe, die jemand für uns hat, kann daran gemessen werden, wie viele Hindernisse diese Person für uns zu überwinden bereit ist. Gott hat durch Seinen Sohn für uns das Hindernis des Todes überwunden. Durch ein einziges Wort hätte Gott Tausende von himmlischen Heerscharen in Bewegung setzen können, um Jesus vom Kreuz zu befreien. Aber Gott der Vater und der Sohn stimmten willentlich darin überein, daß Jesus für uns leiden und sterben sollte. Jesus stellte Seine Übereinstimmung mit dem Vater im Garten von Gethsemane unter Beweis, als er betete: „Mein Vater! Ist es möglich, so gehe dieser Kelch an mir vorüber; doch nicht, wie ich will, sondern wie du willst!" (Mt. 26:39).

Der Kelch, den Jesus trank, enthielt all unsere schmutzigen Sünden. Es war der bittere Kelch des Gerichts, den wir und unsere Kinder trinken müßten, wenn Jesus ihn nicht für uns getrunken hätte. Im Angesicht dieses Kelches drückte Jesus Seinen Schmerz und Sein Leiden aus: „Meine Seele ist tief betrübt bis an den Tod" (Mt. 26:38). Gott wandte Sein Angesicht von Seinem einzigen Sohn ab, als Er diesen Kelch trank und am Kreuz hing. Er konnte die Sünde nicht mit ansehen, die Sein Sohn auf sich nahm, als Er rief:

„Mein Gott, mein Gott, warum hast du mich verlassen?" (Mt. 27:46, Mk. 15:34).

Warum haben sich der Vater und der Sohn diesen Leiden bis zum Schluß unterzogen? Weil Gott das Hindernis beseitigen wollte, das uns davon abhielt, Ihn zu erkennen. Das ist die Liebe Gottes unseres Vaters, die den Tod besiegte!

Kein Hindernis ist zu groß oder zu hoch für Gottes Liebe, nicht einmal Fürstentümer von Mächtigen und Gewaltigen. Jesus hat die Macht über Himmel und Erde in der Hand. Weder Gegenwärtiges noch Zukünftiges, weder Mächte noch Höhen oder Tiefen sind zu unüberwindlich, denn Jesus fuhr hinab in die Tiefe und zerstörte die Macht des Todes. Nun sitzt Er zur Rechten am Thron Gottes des Vaters. Das ist Gottes Liebe.

Wenn wir uns Seiner göttlichen Liebe bewußt werden, geschieht eine wunderbare Veränderung. Wir finden in uns einen Wert, der höher ist als jeder andere auf dieser Welt. Weil Jesus, die wertvollste Person, die jemals über diese Erde ging, für uns starb, können wir sagen: „Ich bin eine sehr wertvolle Person. Jesus starb für mich." Wenn wir ein solches Bekenntnis mutig äußern, dann gibt es auf der Welt nichts mehr zu fürchten.

Vor vielen Jahren, bevor ich zum Glauben an Jesus kam, lebte meine Familie in einem Bergdorf, das keine Wasserzufuhr besaß. Wir mußten das Wasser von den Wasserträgern kaufen, die Wasserbehälter auf ihren Schultern trugen. Wenn sie oben auf dem steilen Berg ankamen, waren ihre Gesichter vor Schmerz gezeichnet. Ein Wasserträger jedoch hatte immer ein Lächeln auf seinem Gesicht. Oftmals stellte ich fest, daß er sogar ein Lied sang. Jedesmal wenn ich ihn sah, überkam mich ein angenehmes Gefühl, und ich kaufte immer Wasser von ihm.

Eines Tages sagte ich zu ihm: „Du singst immer ein Lied, wenn du diese Wasserbehälter hierherträgst. Was macht dich so glücklich?" Er antwortete: „Ich bin Christ. Gott liebt mich, und Er ist bei mir. Warum sollte ich nicht glücklich sein? Glaube auch an Jesus!"

Von außen betrachtet hatte der Wasserträger nichts, was ihn glücklich machen konnte; trotzdem war er immer voller Freude. Später verstand ich seine Freude und fand das von ihm gesungene Lied als das Kirchenlied „Näher, mein Gott, zu dir" heraus.

Wenn wir Gottes Kinder werden und Gott „Unseren Vater" nennen, dann sehen, erkennen und fühlen wir die unermeßliche Liebe Gottes. Wir sind keine minderwertigen, unterlegenen Menschen mehr, sondern Überwinder. Obwohl wir auch Fehler machen, so betrachten wir sie doch als neue Herausforderungen und Möglichkeiten anstelle von Hindernissen und Niederlagen. Wir sehen uns immer als Überwinder, denn Gott triumphiert immer; weil wir Seine Kinder sind, werden auch wir triumphieren. Die Bibel sagt, daß Gott kein Wohlgefallen an uns hat, wenn wir enttäuscht sind und zurückweichen (siehe Heb. 10:38).

Obwohl wir vielleicht nicht viel weltliches Eigentum besitzen und nur ganz „durchschnittliche" Menschen sind, die keine lobenswerten oder ehrbaren Qualitäten in den Augen der Welt haben, ist unser Inneres doch niemals gewöhnlich. Jeder Gläubige ist ein Kind

Gottes, welches das himmlische Königreich ererben wird; jeder von uns ist ein königlicher Priester. Deswegen können und sollten diejenigen, die Gott „Vater" nennen, über jeder Art von Minderwertigkeitsgefühlen stehen und fern von ihnen leben. Wenn wir zu unserem Vater durch Jesus Christus kommen und Ihn um Sieg bitten, werden wir Befreiung empfangen.

Gott erfüllt uns mit Freude

Wenn wir beten „Unser Vater im Himmel," können wir sicher sein, daß wir nicht einsam sind. Es gibt nichts Schlimmeres, als sich völlig allein und verlassen zu fühlen. Menschen können durch belebte Geschäftsstraßen gehen und trotzdem isoliert sein. Sie sehnen sich nach jemandem, dem sie ihr Herz ausschütten können, nach Gespräch und Austausch. Anhaltende Einsamkeit kann in einen Engpaß führen, so daß man schließlich explodiert.

Vor einigen Jahren, als ich in Amerika war, berichtete eine lokale Zeitung über eine koreanische Studentin, die sich von einem hohen Gebäude hinabgestürzt hatte. Sie hinterließ einen Brief, in dem sie mitteilte, daß der Tod ihr einziger Ausweg aus unüberwindlicher, drückender Einsamkeit sei. Sie hatte hart für ihr Schulgeld gearbeitet. Nach den Unterrichtsstunden begab sie sich sofort in ein Restaurant und arbeitete dort als Tellerwäscherin und im Reinigungsdienst. Danach ging sie zum Babysitten. Da Englisch nicht ihre Muttersprache war, gab es einige Schwierigkeiten in der Verständigung. Nach Korea zurückzukehren, war für sie keine Alternative, solange sie nicht ihren Collegeabschluß erworben hatte. Und dieses Ziel schien so weit entfernt zu sein. Die Einsamkeit wurde ihr zu schwer, um sie noch länger zu ertragen. So setzte sie ihrem Leben ein Ende.

Einsamkeit ist nicht nur ein Problem, das sich auf Studenten in fremden Ländern bezieht. Einsamkeit verfolgt auch Berühmtheiten, die Erfolg auf ihrem Gebiet erlangt haben, und die von den Massen respektiert und geliebt werden.

Wie ich es sehe, besaß Judas Ischariot den einsamsten Charakter in der Bibel. Mehrere Male versuchte Jesus, Judas direkt und indirekt zur Umkehr zu bewegen. Aber Judas kam mit sich selbst überein, Jesus zu verkaufen. Beim letzten Abendmahl verließ er die anderen Jünger und ging hinaus in die Dunkelheit einer einsamen Nacht. Am Ende war er nicht nur von Gott und den Hohenpriestern verlassen; er verlor sich auch selber, gab sein Leben auf und erhängte sich aufgrund dieser starken Einsamkeit.

Wie kann man den Weg aus der Einsamkeit finden? Normalerweise nehmen Menschen bei zwei Möglichkeiten Zuflucht. Eine Möglichkeit ist Egoismus, d. h. Menschen versuchen, ein völlig egozentrisches Leben zu führen. Wie der verlorene Sohn trachten sie immer nach ihrem eigenen Vorteil. Sie sprechen von ihrem Geld, ihrer Ehre, ihrer Macht, ihrer Position, ihren Männern, ihrer Freude. Ihr Streben danach findet kein Ende. Egoismus ist jedoch lediglich eine Abkürzung, die bald in die Einsamkeit zurückführt.

Egoismus ist heute so weit verbreitet, daß man ihn selbst im Familienleben erkennen kann. Der Ehemann, der immer nur von anderen geehrt und geliebt werden will, ist einsam inmitten von Ehefrau und Kindern. Kinder, die ihre Eltern nur als bessere Aufseher erfahren, versuchen, ihr Elternhaus wegen ihrer Einsamkeit zu verlassen. Die Einsamkeit schlägt Wurzeln unter Freunden, Kollegen, Lehrern und Studenten. Je egoistischer jemand wird, desto stärker wird die Festung seiner Einsamkeit.

Eine zweite Methode, durch die Menschen sich ihrer Einsamkeit entledigen wollen, ist das Vergnügen. Sie mißachten normale Beziehungen und streben danach, was ihnen Lust bereitet. Genau das tat Eva, als sie von der verbotenen Frucht nahm, die „gut zu essen" und „eine Lust für die Augen" war (Gen. 3:6). Seitdem begann die Menschheit, nach ihrem eigenen Willen anstatt nach dem Willen Gottes zu leben.

Der menschliche Sinn und Verstand ist ein göttliches Geschenk. Durch ihren noch nicht gefallenen Sinn waren Adam und Eva in der Lage, der Stimme Gottes zu gehorchen. Sobald die Beziehung zu Gott unterbrochen war, wurde die Vernunft zur Autorität, um Gut und Böse zu unterscheiden. Aber Vernunft allein ist nicht ausreichend.

Vernunft wird immer durch das Fleisch manipuliert, das voller Selbstsucht ist. Sie hat immer eine Entschuldigung — wenn auch keinen Grund —, für jede Verhaltensweise parat, die das Fleisch befriedigt. Die Vorstellung, daß Männer und Frauen glücklich und zufrieden wären, wenn sie nur die Gesellschaft verlassen und in wilder Freiheit leben könnten, ist einfach nicht wahr.

Die Vernunft ist allein nicht fähig zu beurteilen, ob wir frei oder nicht frei sind. Eine Beurteilung dieser Art wird von der Begehrlichkeit der Sinne bestimmt, und die Sinne neigen immer zum Vergnügen.

Vergnügen ist wie eine Grube, die niemals gefüllt werden kann. Je mehr wir uns dem Vergnügen hingeben, desto tiefer und breiter wird die Grube. Wenn sich Vergnügung an Vergnügung reiht, werden unsere Herzen immer einsamer. Aus dieser Einsamkeit geben Menschen schließlich ihre ewige Freiheit auf. Einige werden durch das Gesetz für ihre Verbrechen bestraft; andere werden dem ewigen Verderben hingegeben und fallen durch Selbstmord in die Hölle. Vergnügen kann uns nicht von Einsamkeit befreien.

Wie können wir von der Entfremdung Gottes befreit werden? Es gibt nur einen Weg: Wir rufen Gott als „Vater" an. Mag uns auch jeder in der Welt verlassen, Gott unser Vater verläßt uns niemals. Mögen irdische Eltern ihre Kinder, die sie nicht wollen oder für die sie nicht sorgen können, verlassen, unser Vater verläßt uns nicht. Die Bibel sagt: „Irrt euch nicht, meine lieben Brüder: Jede gute Gabe und jedes vollkommene Geschenk kommt von oben herab, von dem Vater der Lichter, bei dem keine Veränderung ist noch ein Schatten infolge von Wechsel. Nach seinem Willen hat er uns erzeugt durch das Wort der Wahrheit, damit wir gleichsam Erstlinge seiner Geschöpfe seien" (Jak. 1:16-18). „Denn Gottes Gnadengaben und Berufung sind unwiderruflich" (Röm. 11:29). „Ich will dich nicht verlassen noch versäumen“ (Heb. 13:5).

Der Heilige Geist ist der Beistand, der uns als Hilfe gesandt worden ist. Er ist immer mit uns, kennt unsere Schwachheiten und steht uns bei. Er kennt selbst die Dinge, von denen wir noch keine Ahnung haben, und „er tritt für uns ein mit unaussprechlichen Seufzern“ (Röm. 8:26). Die Welt beachtet den Heiligen Geist nicht, kennt Ihn nicht und empfängt Ihn auch nicht. Wir aber kennen Ihn, denn Er bleibt in uns, und wir erkennen, daß Er in uns ist (siehe Joh. 14:17). Wenn wir laut beten und sagen „Unser Vater im Himmel“, weichen Einsamkeit und das Empfinden des Verlassenseins aus unseren Herzen. Wir beginnen, nach einer tieferen Bedeutung unseres Lebens zu suchen. Wir werden von Egoismus befreit. Wir schauen uns nicht nach weltlichem Vergnügen um. Wir trachten danach, Brüder und Schwestern zu werden, und arbeiten daran, die Isolation anderer in ihrer Situation zu verringern. Wir lieben unsere Nächsten. Wenn Gott unser Vater geworden ist, wird dieses Wunderbare geschehen.

Geheiligt werde Dein Name

Welche Art von Leben sollten wir als Kinder Gottes führen? Jesus lehrt uns, daß wir beten sollen: „Geheiligt werde dein Name.“ Kinder werden ihren Eltern entweder Ehre oder Schande bringen; und Jesus beauftragt uns, so zu leben, daß der Name Gottes geheiligt wird.

Wir können den Namen Gottes heiligen, indem wir Ihm dienen und Ihn anbeten. Die Bibel sagt, daß Gott uns zu Priestern gemacht hat: „Ihr aber seid ein auserwähltes Geschlecht, ein königliches Priestertum, ein heiliges Volk, ein Volk des Eigentums, damit ihr die Tugenden dessen verkündigt, der euch aus der Finsternis zu seinem wunderbaren Licht berufen hat" (1. Pet. 2:9).

Wenn wir Priester geworden sind, dann sollten wir Gott Opfer darbringen — „Dankopfer, die Gott ehren" (Ps. 50:23). Wir sollten Gott auch Lob opfern. Hebräer 13:15 und 16 sagen: „Durch ihn lasset uns nun Gott allezeit ein Lobopfer darbringen, das ist die Frucht der Lippen, die seinen Namen bekennen. Wohlzutun und mitzuteilen vergesset nicht, denn solche Opfer gefallen Gott wohl."

Indem wir andere lieben, bringen wir Gott ein Opfer dar, durch das der Name Gottes geheiligt wird. Obwohl Kornelius ein Heide war, teilte er großzügig von seinen Gaben an Notleidende aus. Als er betete, erschien ihm ein Engel Gottes und bestätigte, daß seine Gebete und seine Almosen als ein Gedächtnis vor Gott gekommen waren (siehe Apg. 10:4).

Genauso sollten wir materielle Dinge als Opfer darbringen. Paulus bestätigte das, als er sagte: „Ich habe alles und habe Überfluß; ich bin völlig versorgt, seitdem ich von Epaphroditus eure Gabe empfangen habe, einen lieblichen Wohlgeruch, ein angenehmes Opfer, Gott wohlgefällig" (Phil. 4:18).

Schließlich ehren wir unseren Vater, wenn wir Ihm ein lebendiges Opfer darbringen. „Ich ermahne euch nun, ihr Brüder, kraft der Barmherzigkeit Gottes, daß ihr eure Leiber darbringet als ein lebendiges, heiliges, Gott wohlgefälliges Opfer: Das sei euer vernünftiger Gottesdienst" (Röm. 12:1).

Wie können wir unsere Leiber als lebendiges Opfer darbringen? Wir müssen uns von Dingen wie Trunkenheit, Unzucht, Begierden, Gelüsten und Ausschweifungen fernhalten. Unser Leib ist der heilige Tempel, in dem Gott wohnt (siehe 1. Kor. 3:16,17).

Wenn wir als Priester unser Leben als ein Opfer für unseren Vater leben, erhält Er die Ehre, und Sein Herz wird erfreut. Als Ergebnis unseres Gehorsams wird Sein Name von anderen geheiligt, die Sein Werk in unserem Leben sehen.

Wir heiligen den Namen Gottes auch, wenn wir in Autorität leben und sie anwenden. Wenn wir Gott „Vater" nennen, gleichzeitig aber den Teufel fürchten und von ihm sogar gefesselt werden, dann bringen wir Schande über Gott. Als Gottes Kinder sind wir frei von Knechtschaft: „Für die Freiheit hat uns Christus befreit; so stehet nun fest, und lasset euch nicht wieder in ein Joch der Knechtschaft spannen" (Gal. 5:1). „So unterwerfet euch nun Gott. Widerstehet dem Teufel, so flieht er von euch" (Jak. 4:7). Dem Teufel zu widerstehen, ist das Vorrecht von Kindern Gottes — und ihre Verantwortung.

Gott ist heilig. Obwohl wir in keiner Weise etwas zu Seiner Heiligkeit hinzufügen können, haben wir als Seine Kinder die Verpflichtung, unserem Vater im Himmel die Ehre zu geben. Wir müssen der Welt die Heiligkeit Gottes durch unsere Anbetung und Gottes dienste sichtbar machen. Aber mehr noch sollte unser Leben eine fortgesetzte Anbetung sein, die Gott Tag und Nacht dargebracht wird. Durch unsere guten Worte und Werke wird die Welt die Heiligkeit unseres Vaters erkennen. Sie werden den Namen Gottes ehren, wenn sie die Autorität erkennen, mit der wir dem Teufel entgegentreten und ihn gefangennehmen. Unser Vater im Himmel, geheiligt werde Dein heiliger und guter Name.

Das ist der Schlüssel unseres Gebets. Wenn wir gute und rechte Gedanken über Gott haben, werden andere Gebetsinhalte herausfließen wie Wasser, das durch die Wasserleitung strömt; unsere Gebete werden vervollkommnet.

2

Dein Reich komme

Das zweite Gebet, das Jesus uns lehrte, lautet: „Dein Reich komme, dein Wille geschehe, wie im Himmel, also auch auf Erden." Wenn Gott unser Vater wird, werden wir das Volk des Reiches Gottes. Als Sein Volk sollten wir beten, daß Sein Reich fest besteht. Was bedeutet das Reich Gottes? Es ist der Ort, an dem Seine Souveränität vollendet ist und herrscht. Wenn wir diese Zeilen des Gebets betrachten, dann lassen Sie uns unsere Gedanken in Einklang mit Gottes Wort über Sein Reich und Seinen Willen auf dieser Erde bringen.

Unsere von Gott geschaffene Erde: Gefallen

Fast täglich tauchen große Schlagzeilen furchtbarer Kriminalität in Zeitungen auf. Manchmal sind es Nachrichten, die die ganze Welt betreffen, manchmal handelt es sich um Nachrichten der Lokalpresse. Die Wirtschaftskriminalität führt zu Millionendollarschäden. Reportagen berichten über brutale Morde, von Dieben in Aufzügen, von Taschendieben, von Lebensmittelverseuchung durch Landwirtschaftschemie oder von gefälschten Waren. Diese tägliche Berichterstattung führt dazu, daß wir meinen, auf dünnem Eis zu wandeln. Vor kurzem sandte mir ein Mädchen einen Brief voller Fragen: „Warum hat Gott eine solche Welt geschaffen? Warum verhält Gott sich so gleichgültig angesichts dieser Geschehnisse?"

Ich kann Ihnen versichern, daß die Welt, die Gott am Anfang schuf, in keiner Weise so aussah. Die Genesis beschreibt eine Welt, die sich von der heutigen völlig unterschied. Nachdem Gott Himmel und Erde geschaffen hatte (siehe Gen. 1:1), rebellierte Luzifer, bis dahin einer der Erzengel Gottes, gegen Ihn. Er wollte sein wie Gott. Als Resultat wurde die Welt gerichtet und versank in Chaos — leer und von Finsternis erfüllt (siehe Gen. 1:2). Aus diesem Chaos hat Gott unsere gegenwärtige Welt innerhalb von sechs Tagen wiedererschaffen.

Zeichnen Sie in Ihren Gedanken einmal den Prozeß nach, durch den Gott Himmel und Erde schuf. Am ersten Tag, als Gott sprach: „Es werde Licht", strömte strahlendes Licht hinein, einem Morgen nach einem Frühlingsregen ähnlich. Am zweiten Tag schuf Gott die grenzenlosen Himmel. Am dritten Tag wurden Meer und Land voneinander getrennt. Und am gleichen Tag wurde die Erde mit allen möglichen Arten von Pflanzen bedeckt. Am nächsten Tag schuf Gott die Sonne, den Mond und die Sterne. Und als Gott sprach: „Das Wasser soll wimmeln von einer Fülle lebendiger Wesen, und es sollen Vögel fliegen über die Erde, an der Himmelsfeste dahin" (Gen. 1:20), da füllte sich die Welt mit allen Arten von lebendigen Kreaturen. Am sechsten und letzten Schöpfungstag schuf Gott Mann und Frau nach Seinem Bilde und gab ihnen Autorität, über die Welt zu herrschen, die Er geschaffen hatte — eine große und wunderschöne Welt mit Ordnung anstelle von Unordnung, Licht anstatt Dunkelheit, Leben anstatt Tod, Fülle statt Armut und Hoffnung anstelle von Verzweiflung. Zu jener Zeit bedrückte der Stärkere den Schwächeren nicht.

Der Garten Eden, den Gott für Adam und Eva pflanzte, war auch eine ordentliche und wunderschöne Welt. Sie war voller Lebenskraft und mit allem versehen, um jede menschliche Not zu stillen. Selbst die Früchte, die an den Ästen der Bäume hingen, waren schön anzusehen und gut zu essen.

So sah die Welt aus, die Gott geschaffen hatte. Leider existiert eine solche Welt nicht mehr, weil Adam und Eva wegen ihrer Sünde aus diesem Garten Eden vertrieben wurden. In dem Moment als Adam und Eva sündigten, gelangten Durcheinander, Chaos, Gewalttätigkeit und Verzweiflung in diese Welt. Paulus beschrieb, was geschah:

„Und gleichwie sie Gott nicht der Anerkennung würdigten, hat Gott auch sie dahingegeben in unwürdigen Sinn, zu verüben, was sich nicht geziemt, als solche, die voll sind von aller Ungerechtigkeit, Schlechtigkeit, Habsucht, Bosheit; voll Neid, Mordlust, Zank, Trug und Tücke, Ohrenbläser, Verleumder, Gottesverächter, Freche, Übermütige, Prahler, erfinderisch im Bösen, den Eltern ungehorsam; unverständig, unbeständig, lieblos, unversöhnlich, unbarmherzig; welche, wiewohl sie das Urteil Gottes kennen, daß die, welche solches verüben, des Todes würdig sind, es nicht nur selbst tun, sondern auch Gefallen haben an denen, die es verüben“ (Röm. 1:28-32).

Weshalb geschah das alles? Die Menschheit wollte Gott nicht Seiner Anerkennung würdigen. Als Gott den Menschen schuf, ging Er ein großes Risiko ein. Die Erschaffung der Menschen nach dem Bilde Gottes und Ihm ähnlich beinhaltete einen freien Willen — mit dem Adam und Eva in der Lage waren, Gott zu akzeptieren oder zu verlassen. Gott wollte Ehre und Anbetung erhalten, aber Er wünschte nicht, daß wir Ihn mechanisch wie Marionetten anbeten. Diese Art von Anbetung geschieht nicht im Geist und in der Wahrheit. Dank und Lob werden heuchlerisch, es sei denn, sie werden freiwillig dargebracht.

Aus Liebe also verlieh Gott dem Menschen einen freien Willen, um Ihn anzubeten. Wer sich liebt, akzeptiert die Persönlichkeit des Gegenübers. Man zwingt sich nicht gegenseitig den Willen auf. Durch Satan versucht, widersetzten sich Adam und Eva, Gott anzubeten und wollten Ihn nicht länger in ihren Herzen dulden. Wegen der festgelegten Art des freien Willens konnte selbst Gott nicht die Wahl des Menschen ändern. Männer und Frauen verließen Gott, und Satan nahm den Platz im Herzen der Menschen ein. Er begann, ihre Gedanken, ihre Worte und Taten zu kontrollieren. Ihre Bereitschaft zum Ungehorsam gegen Gott spiegelte sich in den Wünschen ihrer Herzen wider. Seitdem ist die Herrschaft Satans über die Menschheit den Menschen natürlich angeboren.

Als Satan seine Herrschaft über die Welt antrat, verwandelte sie sich in einen elenden und tragischen Ort. Satan kommt, „um zu stehlen, zu töten und zu verderben" (Joh. 10:10). Er kommt und raubt das Ebenbild Gottes von uns. Er tötet den Geist, die Seele und den Leib, damit wir ins Verderben fallen — in das ewige Gericht und in die ewige Qual. Deshalb: Die Welt, in der wir mit Seufzen leben, kam mit dem Chaos der Menschen durch Satan ins Dasein; es ist nicht die Welt, die Gott geschaffen hat.

Der Heilige Geist sagt deutlich durch den Apostel Paulus, daß die Welt in der Endzeit immer mehr an Bosheit zunimmt:

„Das aber sollst du wissen, daß in den letzten Tagen schwere Zeiten eintreten werden. Denn die Menschen werden selbstsüchtig sein, geldgierig, prahlerisch, hochmütig, Lästerer, den Eltern ungehorsam, undankbar, gottlos, lieblos, unversöhnlich, verleumderisch, unenthaltsam, zuchtlos, dem Guten feind, treulos, leichtsinnig, aufgeblasen, das Vergnügen mehr liebend als Gott; dabei haben sie den Schein von Gottseligkeit, deren Kraft aber verleugnen sie. Solche meide!" (2. Tim. 3:1-5).

Gott kennt die Zukunft und warnt uns vor derartig bösen Angelegenheiten. Wir erkennen jetzt das Verderben, das Satan im Zorn angerichtet hat. Doch wird diese Erde ewig unter der Herrschaft Satans bleiben? Ist die Welt, die uns in den Zeitungsseiten dargestellt wird, das letzte Schicksal der Menschheit?

Die Antwort lautet: Nein. Weil Gott das Endergebnis schon vor dem Fall Adams und Evas wußte, hat Er die Errichtung eines Reiches voller Hoffnung vorherbestimmt — Sein Königreich, in dem Seine Souveränität in dieser Welt voll Hoffnungslosigkeit und Verzweiflung vollendet werden wird. Er wurde Fleisch und kam in diese Welt, damit Sein Reich und Sein göttlicher Wille auf der Erde durch Jesus erfüllt werden.

Das Reich Gottes

Das Reich Gottes ist keine Institution und auch keine sichtbare Organisation. Wieviel Moral ein Staat auch haben mag, er kann nicht zum Reich Gottes werden. Das Reich Gottes ist ein völlig anderes Königreich; ein geistliches Reich, in dem Gott das Geschick von Nationen und Einzelpersonen lenkt, kontrolliert und regiert. Gott erneuert diese Welt und stellt uns wieder her, die wir nach Seinem Bild geschaffen wurden. Es handelt sich um einen Staat, in dem Gott unser Vater wird und uns alle Segnungen zukommen läßt, die Er für uns bereitet hat. Es ist ein Reich, in dem wir Gott anbeten, Seinen heiligen Namen preisen und Ihm die Anliegen unserer Herzen mitteilen. Jesus lehrte Seine Jünger zu beten, daß das Reich Gottes komme.

Die Lehre Jesu vom Reich Gottes

Jesus wurde Mensch, um das Reich Gottes auf diese Erde zu bringen! Wie die alliierten Truppen in der Normandie landeten, um Europa von der Okkupation durch Nazi-Deutschland zu befreien, so ist es vergleichsweise zu verstehen, daß Jesus Fleisch wurde und in diese Welt kam, um die Menschen von Satans Herrschaft zu befreien. Er kam in diese Welt, in der Satan regierte, um Sein Reich zu bauen — zu vollenden und zu erweitern.

Jesus lehrte sehr viel über das Reich Gottes. Wir wollen fünf charakteristische Merkmale betrachten, die in Seinen Unterweisungen und Handlungen zu finden sind.

1. *Das Reich Gottes ist ein Königreich ohne Sünde.* Jesus verkündigte: „Tut Buße, denn das Reich Gottes ist nahe herbeigekommen“ (Mt. 4:17). Weil Gott heilig und gerecht ist, kann niemand in sündigem Zustand in das Reich Gottes hineingelangen. Man kann nicht hineinkommen, wenn nicht vorher die Sünden vergeben worden sind und man vor Gott gerechtfertigt wurde. Jesus sagte, daß wir Buße tun müßten, bevor uns unsere Sünden vergeben werden.

Gott hat dem Menschen immer noch den freien Willen gelassen, mit dem er sich entscheiden kann. Er mahnt uns zur Buße, aber Er zwingt uns nicht. Bis zum letzten Augenblick versuchte Jesus, Judas Ischariot zur Buße zu bewegen. Doch Judas verhärtete sein Herz und ging in den Untergang.

Jesus ruft uns immer noch zur Buße auf, damit wir Bürger des Himmelreichs werden. Buße ist die bestimmte Entscheidung, sich von aller Sünde vollkommen abzuwenden und dem Willen Gottes zu gehorchen. Wenn wir uns auch nur in Gedanken vornehmen, Buße zu tun, dann ruft der Heilige Geist uns alle begangenen Sünden, bewußte und unbewußte, in Erinnerung und hilft uns, sie mit unseren Lippen zu bekennen. Die Bibel sagt deutlich: „Ich sage euch, also wird Freude sein im Himmel über einen Sünder, der Buße tut, mehr als über neunundneunzig Gerechte, die der Buße nicht bedürfen" (Lk. 15:7).

Die Engel freuen sich, weil das Himmelreich zu der Person kommt, die Buße getan hat. Wir können das Himmelreich nicht betreten, es sei denn, wir sind von Bosheit, Verdorbenheit, Ungerechtigkeit und Verwirrung gereinigt worden. Deshalb ist Buße eine Vorbedingung für die Gegenwart des Reiches Gottes in einer Person. Und wenn wir Buße von unseren Sünden getan und Vergebung erlangt haben, werden wir nicht länger mehr von einem schlechten Gewissen gequält, das aus Satans größter Waffe gegen uns stammt: Schuld und Anklage.

2. *Das Reich Gottes ist ein Königreich der Heilung.* Matthäus sagt: „Und Jesus durchzog ganz Galiläa, lehrte in ihren Synagogen und predigte das Evangelium von dem Reich und heilte alle Krankheiten und alle Gebrechen im Volk. Und sein Ruf verbreitete sich in ganz Syrien; und sie brachten alle Kranken zu ihm, die mit mancherlei Krankheiten und Schmerzen behaftet waren, Besessene und Mondsüchtige und Lahme; und er heilte sie. Und es folgte ihm eine große Volksmenge nach aus Galiläa und aus dem Gebiet der Zehn-Städte und aus Jerusalem und Judäa und von jenseits des Jordan" (Mt. 4:23-25).

Während Jesus die gute Nachricht vom Himmelreich verkündete, heilte Er alle Arten von Krankheiten als Zeichen und als Beweis für das Reich Gottes. Woher kamen die Krankheiten? Der Tod war der Lohn für Adams und Evas Sünde, und durch die so entstandene Sterblichkeit wurde der Mensch ein Objekt für Krankheit. Satan veranlaßte auch, daß die Menschen in ihrem Geist durch alle möglichen Gebrechen erkrankten.

Es war der Wille Gottes, uns unsere Sünden zu vergeben und uns zu befähigen, für Sein Reich mit gesundem Körper wirken zu können — befreit von Krankheiten.

Wo das Wort Gottes gepredigt wird und Buße geschieht, sollte Heilung folgen.

Als er im Gefängnis war, sandte Johannes der Täufer seine Jünger zu Jesus, um Ihm eine Frage vorzulegen: „Bist du es, der da kommen soll, oder sollen wir auf einen anderen warten?" (Mt. 11:3). Zwar wußte Johannes sehr gut, daß der Sohn Gottes gekommen war, um die Menschen von ihren Sünden zu erlösen. Aber als sicherer Beweis, daß Er gekommen war, um das Reich Gottes aufzurichten, antwortete Jesus: „Gehet hin und verkündiget dem Johannes, was ihr sehet und höret: Blinde werden sehend und Lahme wandeln, Aussätzige werden rein und Taube hören, Tote stehen auf, und den Armen wird das Evangelium gepredigt" (Mt. 11:4,5).

Jesus erklärte eindeutig, daß Heilung ein Zeichen für das Kommen und Aufrichten des Reiches Gottes auf der Erde war.

3. *Wenn Jesus das Evangelium des Himmelreichs verkündete, fuhren die unsauberen Geister aus.*

Die bösen Geister Satans können niemals Anteil am Reich Gottes erlangen; sie wurden aus der Gegenwart Gottes an dem Tag vertrieben, als sie gegen Ihn rebellierten. Vertrieben aus dem Reich Gottes, erlangten sie Macht in den Luftbereichen. Als die Führer der Juden an Jesus Anstoß nahmen, weil Er unsaubere Geister austrieb, gab Er zur Antwort: „Wenn ich aber die Dämonen durch den Finger Gottes austreibe, so ist ja das Reich Gottes zu euch gekommen“ (Lk. 11:20).

Jesus hat Dämonen überall dort ausgetrieben, wo Er Menschen von ihnen unterdrückt sah. Die Teufel konnten Seiner Gegenwart nie widerstehen. Als Jesus Seine Jünger zum Predigen aussandte, gab Er ihnen Autorität, die Dämonen auszutreiben (siehe Lk. 10:17-20). Und Jesus machte auch deutlich, daß das Austreiben von Teufeln als Zeichen denen folgen würde, die da glauben (siehe Mk. 16:17).

Bis heute werden Teufel im Namen Jesu ausgetrieben, wo das Evangelium vom Reich Gottes verkündet wird.

4. *Im Königreich Gottes gibt es keine Armut.*

Jesus steht aller Reichtum zur Verfügung. Himmel und Erde und alles, was darin ist, wurden auch durch das Wort Jesu geschaffen; Er war sozusagen der Schöpfer, doch Er lebte in solcher Armut, daß Er nicht wußte, wo Er sich zur Ruhe hinlegen sollte. Warum lebte Jesus in Armut? Die Bibel sagt: „Denn ihr kennt die Gnade unseres Herrn Jesus Christus, daß er, obwohl er reich war, um euretwillen arm wurde, damit ihr durch seine Armut reich würdet“ (2. Kor. 8:9). Er wurde arm, um uns reich zu machen.

Wegen der Sünde unserer ersten Eltern, Adam und Eva, kam der Fluch auf das Leben der Menschen, im Schweiße ihres Angesichts ihr Brot zu essen (siehe Gen. 3:19). Ein Fluch folgte auch immer denen, die das Gesetz nicht halten konnten. Weil niemand das Gesetz halten konnte, gelangten alle unter den Fluch (siehe Deut. 28:16-19). Doch wir sind jetzt nicht mehr unter dem Fluch des Gesetzes, weil Jesus uns vom Fluch befreit hat. Diesbezüglich sagt Paulus: „Christus hat uns losgekauft von dem Fluch des Gesetzes, indem er ein Fluch für uns wurde; denn es steht geschrieben: Verflucht ist jeder, der am Holze hängt, damit der Segen Abrahams zu den Heiden käme in Christus Jesus, auf daß wir durch den Glauben den Geist empfingen, der verheißen worden war“ (Gal. 3:13,14).

Solange wir zum Reich Gottes gehören und in ihm leben, sind wir keine armen Leute. Wir sind die Kinder Abrahams im Glauben. Die Segnungen, die Abraham gegeben wurden — der Segen des Heils, in welchem er das Bürgerrecht des Himmelreichs erwarb; der Segen, erfolgreich zu sein, wodurch Abraham ein reicher Mann wurde; der Segen von Kindern und von Gesundheit —, alle diese Segnungen gelten auch uns. Es gibt keine Armut im Reiche Gottes. Wo auch immer das Himmelreich heute proklamiert wird, sollte die Armut weichen.

5. *Das Himmelreich, das Jesus zur Erde brachte, hat uns den Weg eröffnet, ewiges Leben durch Glauben zu erlangen.*

„Und wie Mose in der Wüste die Schlange erhöhte, also muß des Menschen Sohn erhöht werden, auf daß jeder, der an ihn glaubt, nicht verloren gehe, sondern ewiges Leben habe" (Joh. 3:14,15).

Niemand kann durch seine gerechten Werke gerettet werden. Es existiert keine Person, die durch Verdienst ihrer Taten befähigt ist, in Gottes Gegenwart zu kommen. Aber unabhängig von Geschlecht, Alter, Stand und Besitz, empfängt jeder, der auf Jesus sieht, an Ihn als seinen Erlöser glaubt und Ihn frei mit seinem Munde bekennt, Vergebung der Sünden und ewiges Leben. Wie es Jesus der Samariterin sagte: „Denn das ist der Wille meines Vaters, daß jeder, der den Sohn sieht und an ihn glaubt, ewiges Leben habe; und ich werde ihn auferwecken am letzten Tage" (Joh. 6:40). Im Reich Gottes ist ewiges Leben. Wer ein Bürger dieses Königreichs wird, empfängt es als ein Leben aus Gott, das die Gewißheit der Erlösung enthält.

Das Himmelreich — gegründet auf der Erde

Jesus hat uns nicht nur gelehrt, was das Reich Gottes ist. Er wurde gekreuzigt, um sicherzustellen, daß das Reich Gottes in Ewigkeit unter uns bleiben wird. Durch Seine Kreuzigung säte Jesus die Samenkörner des Reiches Gottes — ewiges Leben, Freude, Hoffnung und Fülle —, mitten unter das Reich Satans, ein

Land angefüllt mit Fluch. „Ich bin gekommen, Feuer auf die Erde zu schleudern, und wie wollte ich, es wäre schon entzündet!“ (Lk. 12:49).

Das Reich Gottes, nach dem uns sehnsüchtig verlangt, daß es auf Erden in Existenz kommt, wurde durch das Kreuz Jesu gegründet. Es ist unerschütterlich auf dem Kreuz und den Werken Gottes gegründet. Auf welche Weise diente das Kreuz zur Gründung des Reiches Gottes auf Erden?

Jesus bezahlte mit Seinem Tod für unsere Sünden. Als Jesus, der ohne Sünde ist, am Kreuz hing, vergoß Er willentlich Sein Blut. Es ist das einzige Blut, das die Macht hat, die Sünden all derer zu vergeben, die zu Ihm kommen, um Vergebung zu erlangen.

Zweitens hat Jesus durch die Wunden, die Ihm geschlagen wurden, unsere Krankheit getragen. Die Bibel sagt, daß wir durch Seine Wunden geheilt sind (siehe 1. Pet. 2:24).

Drittens erlangte Jesus am Kreuz und durch Seine Auferstehung das Recht über diese Welt zurück, das Satan erlangt hatte, als Adam und Eva sündigten.

Zusätzlich entfernte Jesus, indem Er die Dornenkrone auf Golgatha trug, den Fluch unserer Armut, und erwarb uns das Recht, Segnungen zu empfangen.

Und als letztes — das Blut Jesu und Sein zerbrochener Leib wurden zum Weg, der uns in das ewige Leben führt.

Durch Seinen Tod und Seine Auferstehung gründete Jesus das Reich Gottes auf dieser Erde. Als Er zu Seinem Vater zurückkehrte, erschien ein Nachfolger, um dieses Reich auszudehnen: Der Heilige Geist.

„Und als der Tag der Pfingsten sich erfüllte, waren sie alle einmütig beisammen. Und es entstand plötzlich vom Himmel her ein Brausen wie von einem daherfahrenden, gewaltigen Winde und erfüllte das ganze Haus, worin sie saßen. Und es erschienen Zungen, die sich zerteilten, wie von Feuer und setzten sich auf einen jeglichen unter ihnen. Und sie wurden alle vom Heiligen Geist erfüllt und fingen an, in anderen Zungen zu reden, wie der Geist es ihnen auszusprechen gab" (Apg. 2:1-4).

Der Heilige Geist ist gekommen, um uns beizustehen, und Er vollführt dieses Werk bis zum heutigen Tag. Er ist in der Nähe, um auf das himmlische Saatgut, das Jesus säte, achtzugeben. Er sorgt dafür, daß die Saat aufgeht, gut wächst und Frucht bringt. Er kommt und lehrt uns Wahrheit. Er ruft uns alles, was Jesus sagte, in Erinnerung und führt uns den rechten Pfad, nach dem Wort Gottes zu leben.

Auf diese Weise wirkt der Heilige Geist für die Expansion des Reiches Gottes auf Erden. Der Heilige Geist wirkt ebenso durch uns, damit die Zahl der Menschen im Königreich zunimmt. Mit dem Heiligen Geist in uns werden wir Soldaten des Glaubens in einem heiligen Krieg, bei dem der Sieg längst festgelegt worden ist. Durch diesen gerechten Kampf wächst das Reich Gottes und erblüht immer mehr. Wo befindet sich nun das Himmelreich, das Jesus auf der Erde gegründet hat?

„Als er aber von den Pharisäern gefragt wurde, wann das Reich Gottes komme, antwortete er ihnen und sprach: Das Reich Gottes kommt nicht mit Aufsehen. Man wird nicht sagen: Siehe hier! oder: Siehe dort ist es! Denn siehe, das Reich Gottes ist inwendig in euch" (Lk. 17:20,21).

Jesus predigte wiederholt das Evangelium vom Reich Gottes. Es war Seine Absicht, die Menschen darüber zu unterrichten, was für ein Reich das ist, und dafür zu sorgen, daß sie zu Bürgern dieses Reiches wurden. Eines Tages fragten ihn die Pharisäer, wann denn das Reich Gottes herbeikommen würde. Sie hatten immer noch die falsche Erwartung, daß das Reich Gottes in Form einer Nation dieser Welt erscheinen würde. Jesus aber sprach zu ihnen: „Das Reich Gottes ist inwendig in euch."

Wenn wir Jesus in unseren Herzen als Erlöser annehmen und Ihn mit unserem Munde bekennen, pflanzt der Heilige Geist Sicherheit und Gewißheit in unsere Herzen hinein. Der Heilige Geist wohnt in uns und macht unseren Leib zu einem Tempel Gottes. Von diesem Augenblick an stehen wir unter der Herrschaft von Gott dem Vater. Dieser innere Ort, an dem Gott herrscht und regiert, ist genau der Ort, an dem das Reich Gottes gegründet ist.

Wir sind neue Kreaturen: „Darum ist jemand in Christus, so ist er eine neue Kreatur; das Alte ist vergangen, siehe, es ist alles neu geworden!" (2. Kor. 5:17). Mehrere Male verglich Jesus das Reich Gottes mit dem Vorgang, durch den Samenkörner zu Pflanzen heranwachsen. Wenn das Himmelreich oder das Reich Gottes in unsere Herzen kommt, beginnt es, durch unsere Gedanken zu wachsen. Deshalb sollten unser Glaube und unsere Gedanken wachsen, bis sie dem Maß göttlichen Glaubens und den Gedanken Gottes entsprechen. Dieses Wachstum sollte andauern, bis wir Jesus von Angesicht zu Angesicht gegenübertreten.

Die Bibel sagt: „Dem aber, der weit mehr zu tun vermag, als wir bitten oder verstehen, nach der Kraft, die in uns wirkt“ (Eph. 3:20). Wenn unsere Gedanken den Gedanken Gottes entsprechen, werden wir sehen, wie die Hand Gottes unsere Angelegenheiten ausführt. Jeden Tag können wir ein siegreiches Leben führen und Satan unschädlich machen. Denn Gott, der in uns ist, ist größer als Satan, der die Macht in den Luftbereichen der Welt innehat (siehe 1. Joh. 4:4).

Auf diese Weise existiert das Himmelreich in unseren Herzen durch Jesus und der Kraft des Heiligen Geistes. Obwohl wir in einer Welt voll Chaos, Leere und Dunkelheit leben, keimt eine neue Welt in unseren Herzen. Ein neues Reich kommt und wächst heran. Die Kennzeichen des Reiches Gottes, von dem Jesus predigte, und das Er am Kreuz errichtete, befinden sich genau mitten unter uns. Unsere Sünden sind uns vergeben. Wir sind geheilt. Die Dämonen sind von uns ausgetrieben. Wir sind befreit von Armut. Wir sind erlöst von dem Fluch, und wir haben ewiges Leben empfangen durch den Glauben.

Geschieht dies in unserem Leben, dann besitzen wir den Beweis des Reiches Gottes in uns. Solche

Zeichen werden denen folgen, die an Jesus glauben und Ihn mit ihrem Munde bekennen.

Es ist beklagenswert, daß viele Menschen am Rande der Gemeinde leben, ohne etwas von der neuen Welt in ihren Herzen zu wissen oder zu verstehen — sie versuchen nicht einmal, es zu glauben. Sie erkennen nicht die Gnade und das Vorrecht — die neue Ordnung, die neue Macht und die neue Welt, die hervorkommt, wenn wir Gott „Vater" nennen. „Mein Volk geht aus Mangel an Erkenntnis zugrunde" (Hos. 4:6). Die Aussagen Hoseas beziehen sich auf einen solchen Vorgang. Jesus sprach zu den Israeliten, die die Wahrheit nicht kannten: „Und ihr werdet die Wahrheit erkennen, und die Wahrheit wird euch frei machen" (Joh. 8:32).

Wenn Menschen sich vornehmen, die Kirche zu besuchen, wählen sie oft lediglich den angenehmsten Ort, um mit Religion in Berührung zu kommen. Sie denken, die Gemeinde sei der Ort, um Geschichten von großen Männern der Vergangenheit zu hören. Sie wollen den moralischen Aspekt ihres Lebens kultivieren oder einen ethischen Maßstab finden, mit dem sie leben können.

Unser Glaube in Christus ist aber gleichwohl keine Religion. Glaube ist weder Kultur noch Moral. Er ist eine Begegnung und Erfahrung mit Jesus Christus! In unseren Herzen ist etwas vollkommen Neues geschehen. Der Glaube ist ein außergewöhnliches Ereignis, bei dem uns Gott, Schöpfer Himmels und der Erde, mit dem sündenfreien Blut von Jesus Christus erkauft hat und Sein Reich in uns gründete.

Wenn wir zum Volk Gottes gehören, haben wir nicht länger mehr den Druck eines schuldigen Gewissens aufgrund von Sünde zu erdulden. Wir werden nicht mehr von Satan bedrückt oder gar von ihm gebunden. Weil das Reich Gottes sich in unseren Herzen befindet, besitzen wir das Recht, uns der Privilegien des Königreichs zu erfreuen. Die Bibel ermahnt uns dringend: „So stehet nun fest in der Freiheit, für die Christus uns befreit hat, und laßt euch nicht wieder in ein Joch der Knechtschaft spannen" (Gal. 5:1). Wir dürfen keine Kompromisse mit der Sünde eingehen.

Wenn Sie „Dein Reich komme" beten, dann erinnern Sie sich daran, daß Gott von Ihrem Herzen Besitz ergriffen hat. Denken Sie auch daran, daß dieses Gebet nach vollständiger Hingabe Ihres Herzens an Gott verlangt. Dieses Gebet ist die Erklärung Ihres Glaubens und Ihres Gehorsams an Gott den Vater. Durch dieses Gebet erhalten Sie den Auftrag, das Kommen des Reiches Gottes zu verkünden. Der wirksamste Weg hierzu besteht darin, sich der Vorrechte des Reiches zu erfreuen und täglich darin zu leben.

Beten, damit der Wille Gottes geschieht

Es reicht nicht aus, daß das Reich Gottes inwendig in uns ist. Das Reich Gottes sollte vollzogen werden und im Leben, in der Familie und in der Umgebung der Bürger dieses Königreichs vor aller Augen sichtbar sein.

Gott will die Menschheit erlösen. Er will die Menschen von dem dreifachen Fall (des Geistes, der Seele und des Leibes) befreien, durch das dreifache Werk von Jesus: Seine Kreuzigung, Seinen Tod und Seine Auferstehung. Schon vor Grundlegung der Welt hatte Gott mit Jesus diese Absicht, und in der Geschichte hat Er Sein Versprechen den Menschen mitgeteilt. Schließlich kam Jesus auf diese Erde — empfangen im Leib der Jungfrau Maria.

Während das geschah, war der göttliche Wille den Engeln des Himmels längst bekannt, und ebenso den Propheten des Herrn. Als sich der göttliche Wille erfüllte, sang die Menge der himmlischen Heerscharen: „Ehre sei Gott in der Höhe und Friede auf Erden, an den Menschen ein Wohlgefallen“ (Lk. 2:14). Dieser göttliche Wille, der sich durch das Kommen Jesu in diese Welt erfüllte, bewirkte Ehre für Gott und Frieden für die Welt. Was ist die rechte Haltung, die wir einnehmen sollten, wenn wir beten, daß der Wille Gottes — die Menschen zu erlösen, ihnen zu vergeben und sie an Seele, Leib und in ihrer Umgebung zu segnen — auf der Erde geschehe?

Wir sollten denken wie Gott: Positiv, schöpferisch und erlösend. Von Anfang bis Ende ist die Bibel, die göttliche Offenbarung durch menschliche Niederschrift, voll von solchen Gedankengängen. Einige Bibelverse mögen unserem menschlichen Denken ziemlich dumm erscheinen, doch sagt die Bibel: „Gottes Torheit ist weiser als die Menschen sind“ (1. Kor. 1:25).

In unseren Gedanken können wir das Wirken des

Königreichs in Bewegung setzen. Auf der Leinwand unseres Geistes zeichnen wir Bilder von Dingen und Angelegenheiten, die noch nicht existieren. Wie die Sprüche es ausdrücken: „Wo keine Vision ist, verwildert das Volk“ (Spr. 29:18). Wir können eine Vorstellung davon entwickeln, daß der göttliche Wille auf der Erde geschieht. „Ich will meinen Geist ausgießen über alles Fleisch; und eure Söhne und eure Töchter werden weissagen, und eure Jünglinge werden Gesichte sehen, und eure Ältesten werden Träume haben“ (Apg. 2:17).

Nachdem wir damit begonnen haben, positiv, kreativ und erlösend zu denken, sollten wir davon träumen, was wir in Christus werden können. Wer von uns krank ist, sollte von bester Gesundheit träumen. Arme sollten von Fülle träumen; Mitglieder in streitsüchtigen Familien von Frieden und Harmonie, den sie in ihren Träumen und Visionen sehen. Durch die Kraft des Heiligen Geistes werden sie zur wirklichen Realität; solche „Träume“ werden in unseren Herzen durch den Heiligen Geist geboren.

Gegründet auf Hebräer 11:3, „. . . daß das, was man sieht, aus Unsichtbarem entstanden ist“, sollten wir Dinge *sehen*, Dinge *betrachten* und Bilder *träumen* von Situationen und Dingen, die noch nicht sichtbar sind. Wer nicht klare Träume für morgen in seinem Herzen festhalten kann, kann nichts erschaffen; durch diese Person kann Gottes Wille auf dieser Erde nicht geschehen.

Wenn wir auf die Leinwand unseres Geistes Dinge gezeichnet haben, die nicht sichtbar sind, sollten wir vor Gott niederknien und im Glauben beten, bis wir die Gewißheit erlangt haben, daß unsere Träume wahr werden. Wir sollten fasten, beten und flehen: „O Gott, laß sich doch der Traum meines Herzens erfüllen durch die Macht des Reiches Gottes. Zerstöre alle Hindernisse Satans." Wenn wir Gott anrufen und beten, werden Furcht und Kummer verschwinden, und übernatürlicher Glaube wird mit überfließender Gewißheit einkehren.

Hebräer 11:1 lautet: „Der Glaube aber ist die Verwirklichung (oder Grundlage) dessen, was man hofft, ein Überführtsein von Dingen, die man nicht sieht" (Revidierte Elberfelder) oder „Der Glaube ist die Substanz (oder Grundlage) dessen, was man hofft ..." (wörtl. Ü. d. engl. KJV). Das griechische Wort für *Substanz* hat zwei Bedeutungen: „ein Darunterstellen" oder „eine Untermauerung, Grundlage" und „Dokument oder Standhaftigkeit". Der Glaube ist die Stütze für das, was wir hoffen und begehren. Wenn eine Untermauerung oder Grundlage nicht stark genug ist, können wir darauf nichts bauen. Die Grundlage wird durch die Zuversicht unserer Herzen gelegt, wenn wir beten. Substanz ist einem Dokument für ein Stück Land oder für ein Haus zu vergleichen, das Besitz und Eigentumsrecht bescheinigt. Wenn wir beständig mit brennendem Verlangen beten und mit einem deutlich bestimmten Ziel, dann gelangen Gewißheit und Frieden in unseren Sinn, daß Gottes Antwort unterwegs ist.

Die Schlüsselposition aber, daß der Wille Gottes in unserem Leben geschieht, liegt in der Dankbarkeit. Gott sagte, Er würde Sein Heil denen zeigen, die Dank opferten und Ihn verherrlichten (siehe Ps. 50:23). Die Saat des Glaubens wird in der Danksagung gelegt.

Schließlich sollten wir ein Wunder erwarten, um zu erleben, daß der Wille Gottes geschieht. Es gibt Zeiten, in denen wir durch tiefe Wasser gehen oder die Feuerprobe bestehen müssen. Es wird auch Zeiten geben, in denen die Erwartung eines Wunders beinhaltet, einen Berg ersteigen zu müssen. Doch wir wagen zuerst immer den ersten Schritt. Sogar der Heilige Geist kann nicht wirken, es sei denn, wir machen den ersten Schritt. Wenn wir aber den ersten Schritt tun, wird der Heilige Geist mit uns sein, und wir werden zuletzt den Sieg erringen. Menschen unserer Umgebung werden die wunderbare Erfüllung von Gottes Willen sehen und Ihm die Ehre geben. Wenn also Ihre Gedanken über das Reich und den Willen Gottes in Übereinstimmung mit den Gedanken Jesu kommen, d. h. Sie gehen im Glauben vorwärts, um die Träume zu erreichen, die Gott in Ihr Herz hineingelegt hat, wird das Reich Gottes die Herrschaft übernehmen und regieren — zunächst in Ihrem Herzen, dann in Ihrer Familie und dann in der Nachbarschaft. Und eines Tages wird der ewige neue Himmel und die neue Erde, die für Sie bereitet sind, in der Herrlichkeit der Herrlichkeiten zu Ihnen gelangen.

3

Gib uns heute

Als Jesus Seine Jünger über Gebet lehrte, gab Er den einzelnen Aussagen eine bestimmte Ordnung. Er sagte, daß sie — und wir — zuerst Gott „Unseren Vater" nennen sollten; dann zu beten, daß Sein Name geheiligt werde, daß das Reich Gottes und seine souveräne Macht komme und daß Sein guter Wille auf der Erde geschehe. Wenn unsere Stellung vor Gott und die Beziehung zu Ihm in dieser Weise ausgerichtet sind, handelt unser nächstes Gebet von den Segnungen, von dem täglichen Brot. Leben wir nicht in der richtigen Beziehung zu Gott — wir nennen Gott nicht „Vater" oder können nicht glauben, daß Er unser Vater ist —, ist es nutzlos, um unser tägliches Brot zu bitten.

Das allergrößte Interesse der Menschen richtet sich auf Nahrung, Kleidung und Wohnraum. Hieraus entwickeln sich auch die meisten Probleme. Das eigentliche Ziel aller politischen Ideologien ist auf die Lösung dieser Probleme gerichtet. Was ist die Gesinnung Gottes bei diesen Grundbedürfnissen?

Seine Gesinnung besteht darin, uns unser tägliches Brot zu geben — eine Aussage, die über aus Mehl hergestellten Broten hinausreicht. Sie beinhaltet alle

Bedürfnisse, die mit dem Einkommen des Lebens zu tun haben. Um unser tägliches Brot zu verdienen, müssen wir einen Beruf haben; um einen Beruf auszuüben, muß man entsprechend ausgebildet sein. Wir benötigen ebenso ein Heim zum Wohnen und Gebrauchsartikel des täglichen Lebens. Das Gebet um unser tägliches Brot läßt sich auf alle notwendigen Bedürfnisse anwenden. Gott unser Vater möchte allen diesen Bedürfnissen begegnen. Was ist die richtige Denkweise, die wir beim Gebet um unser tägliches Brot haben müssen? Wenn wir uns auf Gottes Gesinnung und Gedanken einstellen, wird das Gebet, das Jesus uns zu beten lehrte, beantwortet werden.

Gott ist an der materiellen Welt interessiert

Viele Menschen sagen heutzutage, daß Gott sich um materielle Angelegenheiten nicht kümmert. Einige erklären sogar, daß wir um geistliche Angelegenheiten beten sollten, aber nicht um materielle Dinge.

Aber steht Gott der physischen Welt gleichgültig gegenüber? Die Antwort ist ein deutliches Nein. Gott schuf die physische Welt, lange bevor Er Mann und Frau schuf. Adam und Eva mußten sich daher nicht um ihre Lebensbedürfnisse sorgen, weder um Kleidung noch Nahrung.

Als ich in einer kleinen Stadt in England eine Erweckungsversammlung leitete, nahm ich die Einladung in ein Haus an, in dem ich mich ausruhte und dann zu Abend aß. Sobald ich mich zum Essen niedergesetzt hatte, erzählte mir die Gastgeberin ihre Geschichte. Unter Tränen sagte sie: „Pastor Cho, das ist der Grund, warum ich Sie in mein Haus eingeladen habe. Wir haben ein großes Problem. Trotz des mühsamen Versuchs, ein gutes Leben zu führen, haben wir in jeder begonnenen Unternehmung versagt. Jetzt haben wir riesige Schulden. Obwohl wir inständig gebetet haben, erhielten wir keine Antwort. Wir haben vor Kummer unseren Appetit verloren und können nicht ruhig schlafen. Warum sind wir trotz unserer großen Anstrengung, ein gutes Leben zu führen, in Schulden geraten? Was ist die Ursache? Wir haben sogar unser Haus zum Verkauf angeboten und beabsichtigten, die Schulden durch den Verkauf unseres Hauses zu begleichen. Es haben sich aber keine Kaufinteressenten gemeldet — obwohl das Haus für eine ganze Weile auf dem Markt angeboten wurde. Die Lage hat sich mit jedem Tag verschlechtert." Während ich ihrer Geschichte zuhörte, erkannte ich, warum sie nicht die Segnungen Gottes empfingen. Von Anfang bis zum Ende ihrer Rede waren die Worte voller Groll, voll Klagen und voll Seufzen. Sie sprach im Unglauben; sie äußerte nicht ein Wort positiven und kreativen Glaubens.

Sie wußte nur wenig über Gott den Vater. Anstatt im Glauben auf dem Wort Gottes zu stehen, verließ sie sich auf ihre Empfindungen. Als die Umstände gut waren, war sie glücklich; als die Umstände ungünstig wurden, wurde sie unglücklich. Sie hatte noch nicht den Glauben erreicht, der ihr Geschick wenden konnte, der eine neue Umgebung durch einen angreifenden und positiven Geist hervorbringen konnte. Sie hatte keine Hoffnung, die auch dann fest gegründet war, wenn sie keine Aussicht auf Hilfe hatte. Ich schlug ihr vor: „Schwester, wir wollen bis zum Kommen deines Mannes die Bibel studieren."

Auf meine Bitte las sie Genesis 1:2-4: „Und die Erde war wüst und leer, und es lag Finsternis auf der Tiefe, und der Geist Gottes schwebte über den Wassern. Und Gott sprach: Es werde Licht! Und es ward Licht. Und Gott sah, daß das Licht gut war."

„Schwester", sagte ich, „hört sich dieser Bibelvers nicht ein wenig komisch an?"

„Nein", entgegnete sie.

„Glaubst du nicht, daß es für Gott zuviel war, das Licht alleine zu schaffen — ohne die Hilfe von Adam und Eva? War das nicht zuviel für Ihn?"

Sehr gründlich las die Frau die Worte noch einmal. „Die englische Bibel sagt nichts davon. Sagt die koreanische Bibel etwas darüber?"

„Nein, aber ist das nicht etwas eigenartig — daß Gott Licht schuf ohne die Hilfe von Adam und Eva? Vielleicht hat Gott sie am nächsten Tag um Hilfe gebeten? Komm, lies weiter, die Verse Genesis 1:6-8."

„Und Gott sprach: Es soll eine Feste entstehen inmitten der Wasser, die bilde eine Scheidewand zwischen den Gewässern. Und Gott machte die Feste und schied das Wasser unter der Feste von dem Wasser über der Feste, daß es so ward. Und Gott nannte die Feste Himmel."

Ich bekräftigte meine Fragen: „Also, gibt es irgendeinen Hinweis, daß Adam Gott hier geholfen hat?"

„Nein."

„Aber am dritten Tag hat Gott möglicherweise Hilfe von Adam und Eva benötigt. Lies bitte weiter."

Sie fuhr fort: „Und Gott sprach: Es sammle sich das Wasser unter dem Himmel an einen Ort, daß man das Trockene sehe! Und es geschah also. Und Gott nannte das Trockene Land; aber die Sammlung der Wasser nannte er Meer . . . Und Gott sprach: Es lasse die Erde grünes Gras sprossen und Gewächs, das Samen trägt, fruchtbare Bäume, deren jeder seine besondere Art Früchte bringt, in welcher ihr Same sei auf Erden. Und es geschah also. Und die Erde brachte hervor Gras und Gewächs, das Samen trägt nach seiner Art, und Bäume, welche Früchte bringen, in welchen ihr Same ist nach ihrer Art" (Gen. 1:9-12).

„Hat Gott Adam und Eva um Hilfe gebeten?" fragte ich wiederum.

„Nein, Er hat nicht darum gebeten."

„Vielleicht ist Gott am vierten Tag müde geworden . . . Was geschah als nächstes?"

„Gott schuf die Sonne, den Mond und die Sterne."

„Gab es irgendeine Hilfe von Adam oder Eva?"

„Nein."

„Wie war es am fünften Tag?"

„Nein, Gott hat auch da ihre Hilfe nicht benötigt."

„Am sechsten Tag?"

Die Frau las den Abschnitt sehr vorsichtig und sagte: „Pastor, am sechsten Tag schuf Er alle Tiere und dann Adam und Eva — nach Seinem Bild und Ihm ähnlich. Also, Gott hat ihre Hilfe nicht benötigt."

„Tatsächlich nicht? Was ist denn mit dem siebten Tag?"

„Gott ruhte von all Seinem Werk."

„Gab es irgendeine Arbeit für Adam und Eva am ersten Tag zu tun, nachdem sie geschaffen waren?"

„Nein, es scheint nicht so zu sein", antwortete sie nach einiger Überlegung.

Ich ergänzte: „Bevor Adam und Eva ihren ersten Tag willkommen hießen — welches in Wirklichkeit der siebte Tag war —, hatte Gott alles geschaffen: Das Firmament und die Sonne; die Erde und jede Art fruchtbarer Bäume und Gewächse; den Mond und die Sterne; die Vögel des Himmels, die Fische im Wasser und die Tiere auf dem Lande. Weil Gott alles für Adam und Eva bereitet hatte, gab es nichts, das sie zu erstellen hatten. Was also blieb für sie übrig? Wenn Adam und Eva zu Gott gekommen wären und hätten gefragt: ‚Vater, das ist unser erster Tag auf der Erde. Welche Aufgabe sollten wir ausführen?' Was glaubst du, würde Gott geantwortet haben?"

„Gott hätte vielleicht gesagt: ‚Ich habe alles für euch geschaffen. So sorgt euch nicht über irgend etwas. Lebt nur im Glauben und im Gehorsam.' "

„Genau", kommentierte ich, „weil Gott Himmel und Erde und alles auf Erden geschaffen hatte, blieb für sie nichts mehr zu tun übrig. Durch Glauben und Gehorsam konnten sie an Gottes Sabbattag ruhen und sich all dessen erfreuen, was Gott für sie bereitet hatte. Alles, was sie zu tun hatten, war lediglich zu glauben, Gemeinschaft mit Gott zu haben und im Gehorsam gegen Ihn zu leben — ohne über irgend etwas ärgerlich oder bekümmert zu sein."

„Aber weil Adam und Eva es ablehnten, zu glauben und Gott zu gehorchen, weil sie versuchten, die Welt so zu verwalten, wie sie es wünschten, ist die Welt zu dem geworden, was sie heute ist. Aber auch jetzt noch, wenn wir Jesus als Erlöser annehmen und zu Gott kommen, gestattet Er es uns, das zu erlangen, woran Adam und Eva sich erfreuten, bevor sie gegen Gott rebellierten. Nach dem Willen Gottes wurde alles durch das Kreuz von Jesus Christus vollendet. Was wir Christen tun sollten, ist, zu glauben, zu gehorchen und uns zu freuen. Die Bibel sagt nirgendwo, daß Christen ihr Leben selber meistern sollten. Sie sagt, daß Gott alles für uns schon bereitet hat."

„Jetzt wirf einen Blick auf deine eigene Situation, Schwester. Als Ergebnis eures Versuchs, alles für euren Lebensunterhalt zu gestalten, habt ihr Gott beiseite gestellt. Jeremia 33:3 sagt: ‚Rufe zu mir, so will ich dir antworten und dir große und unbegreifliche Dinge kundtun, die du nicht wußtest.' Alle deine Probleme — was du anziehen, essen oder trinken sollst, auch das Problem des Hausverkaufs — sind Gottes Angelegenheit. Wenn du versuchst, sie allein zu lösen, zieht Gott Seine Hand zurück. Aber wenn du Buße von deiner Sünde des Unglaubens tust, alles dem Herrn anvertraust und im Glauben, im Gehorsam und in Dankbarkeit lebst — in der Erwartung, daß Wunder geschehen — wird der Herr dir erlauben zu genießen, was Er für dich vorbereitet hat."

Die Frau hatte aufmerksam zugehört, und Hoffnung keimte in ihrem Herzen. Sie sagte: „Pastor, niemand hat mich jemals darüber unterrichtet." Erneut stiegen ihr Tränen in die Augen. Ich schlug ihr vor, zusammen zu beten.

Als wir niederknieten, betete ich: „Herr, ich vertraue ihr Leben Dir an. Ich übergebe alles Deiner Fürsorge, und von diesem Augenblick an erbitte ich Frieden. Ich danke Dir im Glauben und im Gehorsam. Laß bitte ihr Haus verkauft werden, und löse alle ihre Probleme."

Am folgenden Tag verließ ich diese Stadt, um Erweckungsversammlungen an anderer Stelle zu leiten. Doch schon bald erhielt ich einen Brief der Frau mit folgendem Inhalt: „Nachdem Sie unser Haus verlassen hatten, geschah etwas ganz Wunderbares. Ich wiederholte Ihre Predigt über die Genesis meinem Ehemann. Wir taten Buße über unsere Fehler unter Tränen und beteten in Dankbarkeit zu Gott. Nach einigen Tagen schaute sich ein Ehepaar unser Haus an und machte uns ein Kaufangebot — es war genau das Haus, nach dem sie gesucht hatten —, zu einem weitaus höheren Preis, als wir vorher gefordert hatten. Wir sind dabei, in ein kleines, aber elegantes und wunderschönes Haus umzuziehen. Ich habe jedem, den ich getroffen habe, davon erzählt, was Sie mich gelehrt haben."

Die Natur erzählt von Gottes Überfluß. Gärtner sagen, daß ein Apfelbaum dreißig bis fünfzig Blätter benötigt, um einen Apfel hervorzubringen. Doch ein voll ausgewachsener Apfelbaum hat mehr als 100 000 Blätter — viel mehr als zum Fruchtbringen nötig sind. Warum hat Gott einen Obstbaum mit so vielen Blättern ausgestattet? Weil Gott voraussah, daß Blätter von Würmern gefressen würden. Er wußte, daß Stürme kämen und einige Blätter fortbliesen, daß andere wegen Trockenheit verwelken würden. Weil der überreiche

Gott das alles von vornherein wußte, stattete Er den Apfelbaum mit zusätzlichen Blättern aus, um ihn für alle möglichen Probleme vorzubereiten.

Es gibt noch mehr solcher Beispiele aus der Natur: Weibliche Fasane und Wachteln, die auf dem Boden brüten, legen zehn bis dreißig Eier — viel zu viel, um ihre Gattung zu erhalten. Aber diese Vorgehensweise ist die Vorkehrung der Vögel gegen Wiesel und Stinktiere, die Eier aus den Nestern stehlen.

Ein solcher Gott der Fülle stellte auch Adam und Eva alles zur Verfügung, einschließlich des Gartens Eden. Dieser Gott wird unser Vater und gebietet uns, Ihn zu bitten, uns alles das zu geben, was Er für uns bereithält. Nehmen Sie folgenden Gedanken fest in sich auf: Wenn Sie nicht das Bild vom Reichtum Gottes besitzen, wird Ihr Gebet um das tägliche Brot nicht den Glauben beinhalten, der zu Gott durchdringt.

Hat Gott sich in der Geschichte wirklich als der Gott des Überflusses erwiesen? Die Antwort lautet: Ja, wie wiederholt in der Bibel gezeigt wird.

Gott versorgt uns

Im Alten Testament erlebten ungefähr drei Millionen Israeliten den Gott der Fülle während ihrer vierzigjährigen Wanderschaft von Ägypten in das Land Kanaan. Die Wüste bot natürlicherweise nicht genug Wasser oder Nahrung, um die drei Millionen Menschen am Leben zu erhalten. Aber Gott schenkte ihnen an jedem Morgen Manna — gerade genug für den jeweiligen

Tag. Gott ließ auch Wasser aus dem Felsen hervorkommen, und Er speiste die Israeliten mit frischem Fleisch, indem Er Wachteln über ihrem Lager durch einen großen Wind niedergehen ließ. Deuteronomium 8:4 beschreibt eine weitere Versorgung für Sein wanderndes Volk: „Deine Kleider sind nicht zerlumpt an dir, und deine Füße sind nicht geschwollen diese vierzig Jahre lang."

Das Land der Verheißung für die Kinder Israel wurde häufig genannt: „Das Land, in dem Milch und Honig fließen." Gott verheißt noch immer, daß Er Seinen Kindern „das Land, in dem Milch und Honig fließen" geben will, und ist in der Tat dabei, Seine Verheißung heute zu erfüllen. Gott gibt uns unser tägliches Brot so reichlich wie Milch und Honig fließen. Gott ist heute unser Vater!

Die Wunder Jesu beweisen ebenso, daß Gott uns mit dem täglichen Brot versorgt. Eines Tages hörten fünftausend Männer der Predigt Jesu zu. Gegen Abend wurde die Menge hungrig. Bei diesem Wüstentreffen war es nach menschlichem Ermessen unmöglich, so viele Menschen zu speisen. Doch unser Herr versorgte sie mit „Milch und Honig" durch ein Wunder. Als Er fünf kleine Gerstenbrote und zwei Fische segnete und sie an die Menschen verteilte, vermehrte sich die Speise in erstaunlichem Maße. Als die Jünger die übriggebliebenen Brocken aufhoben, sammelten sie zwölf Körbe voll zusammen (siehe Mt. 14:16-21).

Ein solches Wunder geschah nicht nur einmal, und wenn ein biblischer Bericht sich wiederholt, verdeutlicht er den Standpunkt Gottes über eine Angelegenheit. Matthäus 15:32-38 berichtet einen ähnlichen Vorfall, in dem Jesus viertausend Männer (zehntausend, wenn Frauen und Kinder mitgezählt worden wären) mit sieben Broten und zwei Fischen speiste. Sieben Körbe voll übriggebliebener Brocken wurden aufgesammelt. Gott versorgt uns gemäß unserer Bedürfnisse. Die Sorge Jesu um die materiellen Bedürfnisse von Menschen wurde auch bei Seiner Teilnahme am Fischzug des Petrus deutlich. Petrus war sehr niedergeschlagen, daß er die ganze Nacht gearbeitet hatte, ohne einen Fisch zu fangen. Es ist wahrhaftig keine Kleinigkeit, wenn ein Fischer auch nicht einen einzigen Fisch fangen kann. Vergleichen Sie das einmal mit Ihrem eigenen Leben. Stellen Sie sich vor, Sie würden auch nicht einen Dollar erhalten, obwohl Sie den ganzen Tag gearbeitet hätten. Wie enttäuscht und niedergeschlagen würden Sie sein. In diesem Moment sprach Jesus zu Petrus: „Fahre hinaus auf die Höhe und laßt eure Netze zu einem Fang hinunter“ (Lk. 5:4).

Getreu dem Wort Jesu — „zu einem Fang“ — tat Petrus einen so gewaltigen Fischzug, daß seine Netze rissen. Petrus' vorheriges Unvermögen, auch nur einen Fisch zu fangen, hatte nichts mit seiner Erfahrung oder Unerfahrenheit zu tun. In gleicher Weise sichert unsere große Sachkenntnis nicht immer unser tägliches Brot. Zahllose niedergeschlagene Menschen leben in Verzweiflung, ohne zu wissen, warum sie versagt haben. Wie Jesus in das Boot von Petrus stieg und ihm sagte, wo er seine Netze auswerfen sollte (Jesus half Petrus zum zweiten Mal beim Fischfang nach Seiner Auferstehung), so will Er in den Mittelpunkt unseres

Lebens gelangen und uns wunderwirkend mit unserem täglichen Brot versorgen.

Jesus — Gott der Sohn, der alles für uns nach unseren Bedürfnissen bereitet hat — hat uns nicht nur aufgefordert, für unser tägliches Brot zu beten, sondern auch durch Beispiele verdeutlicht, daß Er uns wirklich alles zukommen lassen kann, was wir benötigen. Es gibt keinen Grund, warum wir an der Beantwortung unserer Gebete zweifeln müßten.

Bisher hatten die biblischen Beispiele, die ich angeführt habe, etwas mit Nahrung zu tun. Doch die Bibel zeigt auch, daß Gott uns materielle Dinge zukommen lassen möchte. Wir wollen solche Schriftstellen betrachten:

„Aber du sollst des Herrn, deines Gottes, gedenken; denn er ist es, der dir Kraft gibt, solchen Reichtum zu erwerben, auf daß er seinen Bund aufrechterhalte, den er deinen Vätern geschworen hat, wie es heute geschieht“ (Deut. 8:18).

„Es wird aber geschehen, wenn du der Stimme des Herrn, deines Gottes, wirklich gehorchst und darauf achtest zu tun alle seine Gebote, die ich dir heute gebiete, daß dich dann der Herr, dein Gott, erhöhen wird über alle Völker auf Erden. Und alle diese Segnungen werden über dich kommen und dich treffen, wenn du der Stimme des Herrn, deines Gottes, gehorchst. Gesegnet wirst du sein in der Stadt und gesegnet auf dem Lande. Gesegnet wird sein die Frucht deines Leibes und die Frucht deines Landes, die Frucht deines Viehs, der Wurf deiner Rinder und die Zucht deiner Schafe. Gesegnet wird sein dein Korb und dein Backtrog. Gesegnet wirst du sein, wenn du eingehst, und gesegnet, wenn du ausgehst“ (Deut. 28:1-6).

„Ehre den Herrn mit deinem Gut und mit den Erstlingen all deines Einkommens, so werden sich deine Scheunen mit Überfluß füllen und deine Keltern von Most überlaufen“ (Spr. 3:9,10).

„Fürchtet den Herrn, ihr seine Heiligen; denn die ihn fürchten, haben keinen Mangel. Junge Löwen leiden Not und Hunger; aber die den Herrn suchen, müssen nichts Gutes entbehren“ (Ps. 34:10,11).

Diese Passagen sind lediglich einige Beispiele, die Gottes Bereitschaft verdeutlichen, uns auch materiell zu segnen. Es ist jedoch nicht ausreichend, diese Schriftstellen zu kennen und sie zu zitieren. Wir müssen so beten, wie Jesus uns beten lehrte, und ebenso Seinem Wort glauben.

Gebet für tägliche Bedürfnisse

Welche Haltung und Gesinnung benötigen wir, wenn wir um unser tägliches Brot beten?

Erstens. Wir müssen klar unterscheiden, worum wir zuerst beten und was Zeit bis später hat. Weil die Menschen manchmal die richtige Reihenfolge umkehrten, nämlich zuerst das erbaten, wonach sie später hätten fragen sollen, und hinterher um das beteten, worum sie als erstes gebetet haben sollten, lief alles verkehrt. Die Bibel sagt: „Er demütigte dich und ließ dich hungern und speiste dich mit Manna, das weder du noch deine Väter gekannt hatten, um dir kundzutun, daß der Mensch nicht vom Brot allein lebt, sondern daß er von allem dem lebt, was aus dem Munde des Herrn geht" (Deut. 8:3).

Gott erlaubt manchmal, daß wir Notsituationen und Hunger durchleben müssen, um uns eine Lektion beizubringen: Wir leben nicht vom Brot allein. Unsere Seelen und geistlichen Bedürfnisse müssen die allererste Priorität einnehmen. Wenn wir das Wort Gottes empfangen und darin leben, wird Gott die materiellen Gaben in Bewegung setzen, die Er für uns vorbereitet hat. Das meinte Jesus als Er sagte: „Trachtet aber zuerst nach dem Reiche Gottes und nach seiner Gerechtigkeit, so wird euch solches alles hinzugefügt werden" (Mt. 6:33).

Gott zu dienen, muß unsere Hauptaufgabe sein. Wenn unsere Hauptaufgabe erfolgreich ist, sind alle Nebenaufgaben in den Erfolg eingebunden. Werden die eigentlichen Nebenaufgaben jedoch zu unserer Hauptaufgabe, dann korrigiert uns Gott, indem Er uns hart zusetzt und in Not geraten läßt, in der Absicht, uns wieder in die richtige Spur zu bringen. Deshalb sollten wir, wenn wir um unsere täglichen Bedürfnisse beten, die entsprechende Priorität einhalten: Wir setzen das Erste an die erste Stelle und das Letzte an den Schluß.

Zweitens. Wir müssen den Beweis liefern, daß wir dem Reichtum nicht als Götzen dienen. Wie können wir bezeugen und sichtbar machen, daß wir Geld nicht mehr lieben als Gott? Wir kommen dem Gebot Gottes nach und entrichten unseren Zehnten.

„Bringet aber den Zehnten ganz in das Kornhaus,

auf daß Speise in meinem Hause sei, und prüfet mich doch dadurch, spricht der Herr der Heerscharen, ob ich euch nicht des Himmels Fenster auftun und euch Segen in überreicher Fülle herabschütten werde. Und ich will für euch den Fresser schelten, daß er euch die Frucht der Erde nicht verderbe und daß euch der Weinstock auf dem Felde nicht fehlschlage, spricht der Herr der Heerscharen" (Mal. 3:10,11).

Der Zehnte gehört nicht uns, sondern Gott. Wir können nicht damit disponieren, wie es uns gefällt. Maleachi sagt uns, wir sollen den ganzen Zehnten in Gottes Kornhaus bringen. Eine ganze Anzahl von Menschen tut das nicht, weil Gier und Habsucht ihre Augen verdunkelt haben. Durch ihren Ungehorsam hindern sie die Kraft Gottes daran, das für sie auszulösen und freizusetzen, was Gott für sie vorbereitet hat. Wenn wir den ganzen Zehnten in Gottes Vorrats- oder Kornhaus bringen, wird Gott unsere „Scheunen" segnen und sie mit Überfluß füllen.

Drittens. Wir müssen glauben und unsere Überzeugung bekennen, daß Gott uns reichlich geben will. David drückte geradewegs und frei seinen Glauben aus, daß Gott ihn versorgen würde: „Der Herr ist mein Hirte; mir wird nichts mangeln. Er weidet mich auf grünen Auen und führt mich zu stillen Wassern" (Ps. 23:1,2). Und Paulus sagte: „Mein Gott aber befriedige alle eure Bedürfnisse nach seinem Reichtum in Herrlichkeit, in Christus Jesus" (Phil. 4:19). Viele Gläubige genießen nicht den Reichtum Gottes, weil sie ihren Glauben nicht bekennen, daß Gott Seinen Kindern reichlich gute Gaben gibt.

Schließlich. Wir müssen allezeit danken — wenn wir bitten und wenn wir empfangen. „Sorget um nichts; sondern in allem lasset durch Gebet und Flehen mit Danksagung eure Anliegen vor Gott kundwerden“ (Phil. 4:6). Können wir eigentlich etwas anderes tun, als Gott zu danken für Sonnenlicht, Luft, Wasser, Gesundheit und Leben, an dem wir uns erfreuen? Unsere Danksagung und Lobpreis sind der süße Wohlgeruch eines dargebrachten Opfers, der zu Gott aufsteigt. Es öffnet den Weg zu Seiner Kraft und zur Errettung.

Unser Gott ist der Geber des Sonnenlichts, des Regens und aller Arten von Vegetation. Es ist für Ihn normal, Seinen Kindern, die Ihm im Glauben gehorsam sind, das Land Kanaan, überfließend von Milch und Honig, zu geben. Deshalb dürfen wir mutig darum beten, daß Gott uns unser tägliches Brot gibt. Geliebte Kinder Gottes, der Gott, der Euch erlöst und den Heiligen Geist für Euch ausgegossen hat, will Euch auch Euer tägliches Brot geben; Er hält Euer tägliches Brot bereit.

Lieben Sie den Herrn von ganzem Herzen, mit ganzer Seele und mit Ihrem ganzen Gemüte. Trachten Sie zuerst nach Seinem Reich und nach Seiner Gerechtigkeit. Beten Sie um Ihr tägliches Brot im Namen Jesu. Dann wird Gott Ihre Bedürfnisse ausfüllen, wie Er den Kindern Israel das Manna gab. Er wird es tun. Machen Sie sich keine Sorgen.

4

Vergib uns unsere Schuld

Wir, die wir Kinder Gottes durch das sündlose Blut von Jesus Christus geworden sind, sollten zu Ihm beten, uns unsere Sünden zu vergeben. Wenn das Reich Gottes in unser Herz kommt und Sein Wille in unserem Leben gegenwärtig ist, dann sollten Gottes vergebende Gnade und Kraft wie selbstverständlich auf uns ruhen. In dem Gebet, das Jesus Seine Jünger lehrte — und uns lehrte —, sagte Er, daß wir mutig und mit Zuversicht um unser tägliches Brot, um Vergebung von Sünden und um Bewahrung vor der Versuchung des Bösen beten sollten.

Wie bereits gesagt, müssen wir in Übereinstimmung mit der Gesinnung Gottes beten. Und welche Gedanken hat Gott über Sünde?

Wir sind Sünder und verdienen den Tod

Das griechische Wort für *Sünde* bedeutet „das Ziel verfehlen" — wie ein Pfeil das Ziel verfehlen kann, auf das er gerichtet war. In der Absicht, Gott zu ehren und Ihm zu gefallen, sollten Mann und Frau von Anbeginn im Gehorsam und im Glauben leben. Das war das Ziel oder der Sinn des menschlichen Lebens.

Von Satan leider verführt, nahmen Adam und Eva von der Frucht der Erkenntnis und aßen davon. Sie mißachteten das Gebot, das Gott ihnen gegeben hatte: „Aber von dem Baum der Erkenntnis des Guten und des Bösen sollst du nicht essen; denn welchen Tages du davon issest, mußt du unbedingt sterben" (Gen. 2:17). Als willentlicher Ausdruck ihres Ungehorsams und Unglaubens bedeutete diese Handlung, daß sie durch ihr Benehmen das Ziel des Lebens verfehlten und in Sünde vor Gott fielen. Dadurch fühlten Adam und Eva sich schuldig und schämten sich. Satan gewann das legitime Recht, die Menschen zu verklagen, zu beherrschen und zu berauben. „Wer Sünde tut, der ist vom Teufel; denn der Teufel sündigt von Anfang an" (1. Joh. 3:7).

Adam und Eva gelangten mit allem Reichtum in die Versklavung Satans. Die Sünde gelangte in die Welt des Menschen durch das Vergehen eines Mannes, Adam. Dadurch wurden alle zu Sündern. „Darum, gleichwie durch einen Menschen die Sünde in die Welt gekommen ist und durch die Sünde der Tod, und so der Tod zu allen Menschen hindurchgedrungen ist, weil sie alle gesündigt haben" (Röm. 5:12). Als Konsequenz der Sünde mußten sie sterben. „Denn der Tod ist der Sünde Sold" (Röm. 6:23). Das griechische Wort für *Tod* ist *thanatos* und bedeutet „getrennt zu sein, getrennt werden". Sobald der Tod durch die Sünde in die menschliche Gesellschaft eindrang, war die Gemeinschaft des Menschen mit Gott getrennt. So bald der Mensch von Gott getrennt war, starb die Quelle des Lebens und starb der Mensch. Sobald er von den anderen Kreaturen, über die er geherrscht hatte, getrennt war, funktionierte nichts mehr. Sobald Gott Seine Hand der Bewahrung zurückzog, befielen Krankheiten den menschlichen Körper. Darüber hinaus wartet das ewige Feuer der Hölle zur ewigen Qual für alle, die nicht zu Jesus gekommen sind und Ihn um Vergebung Ihrer Sünden gebeten und Vergebung empfangen haben.

Weil Männer und Frauen, geschaffen nach dem Ebenbild Gottes, geistliche Wesen sind, haben sie Sehnsucht nach der Befreiung von Sünde und Tod. Aber ohne den Sold der Sünde völlig zu zahlen, kann niemand aus der Herrschaft Satans gelangen; niemand kann sich vom endgültigen Tod selber befreien. Weil es niemanden in der Welt ohne Sünde gibt, ist es Torheit, irgend jemand sonst in der Welt als wirksamen Erlöser zu erwarten.

Die Menschheit benötigte jemanden, der ihr helfen würde, jemanden, der das Problem der Sünde löste. Er durfte nicht aus dem Samen Adams geboren sein, aber er mußte menschlich sein — nicht engelhaft —, denn er hatte die Sünden der Menschen zu sühnen. Obwohl sündlos, mußte er doch ein Mensch sein — einer von uns mit Ohren, Augen, Mund und Nase. Darüber hinaus hatte er jemand zu sein, der willig war, die Folgen unserer Sünde auf sich zu nehmen und den Preis unserer Erlösung um unseretwillen zu zahlen. Aus menschlicher Sicht war das völlig unmöglich. Aber dennoch mußte der Mensch von der Sünde und vom Tode durch einen solchen Erlöser befreit werden.

Eine derart unmögliche Mission galt es auszuführen. Alle Wünsche und Hoffnungen, das Seufzen und Sehnen der Menschen seit der Schöpfung kann man in einer Aussage zusammenfassen: Befreiung von Sünde und vom Teufel. Erging der Ruf in den luftleeren Raum? Fand er kein Echo? Nein. Er erreichte den Thron Gottes, und der göttliche Plan wurde ausgeführt. Jesus Christus ist gekommen, um die Menschen zu erlösen.

Die göttliche Antwort: Jesus Christus

Gott bestimmte, daß Sein sündloser Sohn, Jesus Christus, die Gestalt eines Menschen annehmen und anstelle des Menschen sterben sollte. „Denn Gott hat die Welt so sehr geliebt, daß er seinen eingeborenen Sohn gab, damit jeder, der an ihn glaubt, nicht verloren gehe, sondern ewiges Leben habe" (Joh. 3:16).

Durch den Willen Gottes wurde Jesus Christus vor zweitausend Jahren von der Jungfrau Maria — in einer Krippe in Bethlehem — hineingeboren in diese Welt.

Wie die Bibel sagt, wird der Same der Frau den Samen der Schlange zertreten (siehe Gen. 3:15). Jesus wurde empfangen durch den Samen einer Frau, aber ohne natürlichen Vater. Durch die Vaterschaft des Heiligen Geistes war Jesus nicht der Same des Menschen, besaß aber Blut, jedoch ohne Sünde.

Jesus wurde Fleisch, um ein Opfer zur Sünde für die Sünden der Menschen zu sein. Aus diesem Grunde rief Johannes der Täufer am Jordan aus: „Siehe, das Lamm Gottes, welches die Sünde der Welt hinwegnimmt" (Joh. 1:29). Auch Römer 4:25 sagt, daß Jesus „um unserer Übertretungen willen dahingegeben und zu unserer Rechtfertigung auferweckt worden ist." Um unseretwillen und anstelle von uns nahm Jesus alle Sünden dieser Welt, alle Bosheit, Gemeinheit, Verfluchung und Verzweiflung auf sich. Erhöht hing Er zwischen Himmel und Erde — Seine Hände und Füße an das Kreuz genagelt, Sein Haupt zerstochen von der Dornenkrone und Seine Seite von einem Speer durchbohrt. Durch dieses Leiden löschte Jesus alle unsere Sünden auf ewig vor Gott aus.

Weil Gott auf unsere Sehnsucht geantwortet hat, indem Er Seinen Sohn gesandt und den Weg gebahnt hat, durch den wir von Sünde und Tod befreit werden können, benötigen wir nur die Annahme der Erlösung, die Gott geschaffen hat. Wir müssen Jesus Christus, den Sohn des lebendigen Gottes, als unseren persönlichen Erlöser annehmen. Wie im Garten Eden muß auch jetzt jede Person sich entscheiden und ihre Entscheidung mit dem Munde bekennen. Die Person, die glaubt und bekennt, ist befreit von der Macht des Todes; wer das nicht im Glauben annimmt, bleibt noch unter der Macht des Todes.

Weil Gott unsere Sünden durch Jesus Christus vergab, ist das Problem unserer Sünde gelöst worden. Wenn wir in die Hölle gehen, dann nur deshalb, weil wir nicht die Vergebung annehmen, die Gott anbietet.

Als Andrew Jackson Präsident der USA war, beobachtete ein Mann namens George Wilson einen Dieb, wie er irgend etwas bei der Post stahl. Wilson erschoß den Mann und wurde verhaftet, für schuldig befunden und zum Tode verurteilt. Aber wegen der Umstände dieses Verbrechens unterzeichnete Präsident Jackson eine besondere Begnadigung, die Wilson freisprach und entließ. An dieser Stelle wird die Geschichte unüblich. Wilson lehnte es ab, diese Begnadigung anzunehmen, und es entwickelte sich eine juristisch verzwickte Lage. Der Fall wurde schließlich dem Obersten Gerichtshof übergeben, wo John Marshall, der Vorsitzende Richter, eine berühmte Entscheidung verlauten ließ: „Der Brief über die Begnadigung ist nur ein Stück Papier, aber er hat die Macht zur Begnadigung so lange, wie die Person, die das Objekt dieser Begnadigung ist, diese akzeptiert. Wenn die Person, die das Objekt der Begnadigung ist, die Annahme ablehnt, kann sie nicht freigesprochen werden. Deshalb muß die Todesstrafe, zu der George Wilson verurteilt wurde, ausgeführt werden."

George Wilson war vollständig begnadigt, aber weil er sich weigerte, die Begnadigung anzunehmen, wurde er hingerichtet. Unsere Situation ist genau wie diese. Gott hat die Sünden der Menschheit begnadigt. Heute proklamiert der Heilige Geist Gottes allen: „Deine Sünden sind vergeben, aber du mußt zu Jesus kommen und deine Begnadigung annehmen." Die göttliche Begnadigung liegt vor, aber zahllose Menschen akzeptieren sie nicht. Es gibt für diejenigen, die die Annahme der Begnadigung ablehnen, keine Hilfe;

sie werden die Hinrichtung erleben, und es gibt niemanden, den sie beschuldigen könnten, außer sich selber.

Als Jesus uns von unseren Sünden begnadigte, vergab Er nicht nur die Sünden der Vergangenheit und der Gegenwart. Er sühnte für alle Sünden unseres gesamten Lebens — die Zukunft eingeschlossen —, einmal und für alle. Wie es in Hebräer 10:14-18 heißt:

„Denn mit einem einzigen Opfer hat er die, welche geheiligt werden, für immer vollendet. Das bezeugt uns aber auch der Heilige Geist; denn nachdem gesagt worden ist: Das ist der Bund, den ich mit ihnen schließen will nach diesen Tagen, spricht der Herr: Ich will meine Gesetze in ihr Herz geben und sie in ihre Sinne schreiben, und ihrer Sünden und ihrer Ungerechtigkeiten will ich nicht mehr gedenken. Wo aber Vergebung für diese ist, da ist kein Opfer mehr für Sünde."

Weil unser Herr für Ihre und meine Sünden gesühnt hat, einmal und für alle Zeiten durch ein Opfer, brauchen wir nicht länger mehr ein Opfer für unsere Sünden darbringen. Unsere Sünden sind durchgestrichen; wir sind freigesprochen und entlassen. Wenn Sie an Jesus als Ihren Erlöser glauben und die Vergebung Gottes annehmen, werden Sie vor Gott gerechtfertigt. Sie werden als eine Person anerkannt werden, die niemals gesündigt hat, und Sie werden das Vorrecht besitzen, vor Gott zu stehen. Satan wird nicht in der Lage sein, Sie vor dem Thron Gottes zu verklagen, weil Ihre Sünden durch das Blut Jesu bedeckt sind.

Wie auch wir vergeben unseren Schuldigern

Um sich an der Vergebung Gottes zu erfreuen, gilt es, eine Bedingung zu erfüllen. Gott schenkt uns die Gnade der Vergebung immer wieder erneut, wenn wir anderen Menschen vergeben. Wenn wir Haß in unseren Herzen aufbewahren und es ablehnen, Menschen zu vergeben, die uns ungerecht behandelt haben, wird die Vergebung, die wir schon empfingen, davon nicht berührt werden. Doch von diesem Zeitpunkt an ist die Vergebung, die wir für weitere Verfehlungen benötigen, durchstrichen. Jesus gab uns das Gleichnis von zwei Schuldnern. Einer schuldete dem König zehntausend Talente und der andere schuldete dem ersten Schuldner einhundert Denare. Der König vergab die Schuld dem Mann, der ihm die große Summe schuldig war. Der Mann aber ging hinaus und hatte kein Erbarmen mit dem, der ihm den kleinen Betrag schuldete. Als der König herausfand, was geschehen war, wurde er wütend und bestrafte den bösen Mann. Damit belehrte uns Jesus, daß wir die Verfehlungen und Missetaten anderer Menschen in gleicher Art vergeben sollten, wie uns vergeben worden ist. Er sagte: „Also wird auch mein himmlischer Vater mit euch verfahren, wenn ihr nicht ein jeder seinem Bruder von Herzen die Fehler vergebt" (Mt. 18:35).

Es besteht ein direkter Zusammenhang zwischen dem Weg, unseren Feinden zu vergeben, und dem Weg, auf dem wir Vergebung erlangt haben. Als Kain seinen Bruder Abel tötete, fragte Gott: „Wo ist dein Bruder Abel?" Was antwortete Kain? „Soll ich meines

Bruders Hüter sein?“ (Gen. 4:9). Aber wir sind die Hüter unserer Brüder. Gott schuf die Menschen als soziale Wesen. Im Buch Genesis heißt es: „Es ist nicht gut, daß der Mensch allein sei; ich will ihm eine Gehilfin machen, die ihm entspricht . . . Darum wird der Mensch seinen Vater und seine Mutter verlassen und seinem Weibe anhangen, daß sie zu einem Fleische werden“ (Gen. 2:18,24).

Seit der Erschaffung der Frau hat der Mensch mit andern Menschen zusammengelebt. Wir sind dazu bestimmt, als Paare zu leben, als Eltern mit Kindern inmitten unserer Nächsten. Solange jemand in Gemeinschaft lebt, kann er eine dermaßen unverantwortliche Frage wie „Soll ich meines Bruders Hüter sein?“ nicht stellen. Aus diesem Grunde lehrte Jesus uns „Unser Vater“ anstelle von „Mein Vater“ zu beten.

Wenn Menschen zusammenleben, berührt unweigerlich Sünde ihre Beziehungen. Niemand ist vollkommen. Jeder hat negative Eigenschaften und Charakterschwächen — Egoismus, Stolz, Eifersucht, Ehrgeiz. Immer wenn Menschen zusammenkommen, werden Unterschiede im Charakter und in der Persönlichkeit offensichtlich und verursachen Spannungen und Not. Mit der Zeit schlagen Gewissensbisse über die Vergangenheit in gegenwärtigen Haß um. Auf diese Weise ist die Welt voll mit Neid, Eifersucht, Unheil und Mord geworden. „Aber die Gottlosen sind wie das aufgeregte Meer, welches nicht ruhig sein kann, dessen Wellen Kot und Unrat auswerfen. Keinen Frieden, spricht mein Gott, gibt es für die Gottlosen“ (Jes. 57:20,21).

Wie können wir in Frieden und Harmonie mit anderen Menschen leben, alten Groll vergessen und Gottes Heilung akzeptieren? Mit der Fortentwicklung unserer Erkenntnis haben wir alle möglichen Annehmlichkeiten erfunden. Doch ein Gebiet hat noch keine Entwicklung erfahren: Das Gebiet sozialer Handlungsweisen. Trotz unserer gemeinschaftlichen Bestimmung, scheint der Mensch darauf erpicht zu sein, Waffen zu erfinden, die andere verletzen und töten.

Niemand, außer Jesus Christus, kann diese Probleme von Feindschaft und Haß lösen. Er hat uns vergeben und fordert uns auf zu beten: „Vergib uns unsere Schuld, wie auch wir vergeben unseren Schuldigern." Es ist interessant, daß Jesus sofort nach dem Gebet des Herrn zum Thema der Vergebung zurückkehrt. Matthäus 6:14,15 führen aus: „Denn wenn ihr den Menschen ihre Fehler nicht vergebet, so wird euch euer Vater eure Fehler auch nicht vergeben."

John Wesley traf eines Tages einen seiner Freunde auf der Straße. Sie hatten sich eine Zeitlang nicht gesehen, und Wesley sagte: „Ich hörte, daß du und Herr Sowieso euch zerstritten hattet. Hast du dich mit ihm schon wieder versöhnt?"

„Nein", antwortete der Mann, „warum sollte ich auch? Er ist doch der Schuldige. Ich werde ihm niemals vergeben, denn er hat mich sehr verletzt."

Wesley sah dem Mann gerade ins Gesicht und erwiderte: „Dann darfst du niemals mehr eine Sünde begehen. Ich glaube nicht, daß du sagen kannst, du hättest niemals eine Sünde begangen. Letzteres gilt nur insofern, als ein anderer dir deine Sünden vergeben hat. Aber wenn du einer Person, die dir Unrecht getan hat, nicht vergeben willst, dann erwarte von jetzt ab nicht mehr, daß dir von irgend jemand auch nur irgend etwas vergeben wird." Als der Mann das hörte, ließ er seinen Kopf sinken, weinte bitterlich und tat Buße über seine Verfehlungen.

Wenn wir die Verfehlungen unserer Nächsten nicht vergeben wollen, sollten wir auch keine Sünden begehen. Der Ehemann, der die Fehler seiner Frau nicht vergeben will, sollte selber nicht mehr fehlen. Die Ehefrau, die die Verfehlungen ihres Mannes nicht vergibt, darf sich niemals mehr einer Verfehlung schuldig machen. Wenn Eheleute sich nicht gegenseitig vergeben, können ihre eigenen Verfehlungen nicht vergeben werden.

Menschen können einander durch gegenseitige Vergebung heilen. Niemand ist so gerecht, daß er nicht der Vergebung bedarf. Die warme, ausgestreckte Hand der Vergebung heilt Wunden beinahe sofort. Wir sollten nicht vergessen, daß wir unsere Gerechtigkeit der Vergebung verdanken, die wir von Gott empfangen haben; unsere Schuld ist bezahlt, wenn wir die Sünden oder die Schuld vergeben, die andere gegen uns begangen haben oder uns schulden. Die Vergebung Gottes geschieht, wenn wir die Beleidigungen und Kränkungen vergeben, die andere uns angetan haben.

Weil Gott uns vergeben hat, schulden wir anderen die Schuld der Vergebung. Paulus schrieb: „Denn ich bin ein Schuldner sowohl den Griechen als den Nichtgriechen, sowohl den Weisen als den Unverständigen" (Röm. 1:14). Wenn ein Mann wie der Apostel Paulus ein Schuldner war, dann sind Normalbürger wie Sie und ich Schuldner, die viel mehr schuldig sind. So viel wie mir vergeben wurde, sollte ich auch anderen Tag für Tag vergeben. Wir müssen unser Möglichstes tun, um die Schuld der Vergebung während unserer Lebenszeit zu begleichen.

Der Preis der Vergebung

Vergebung erzielt wunderbare Ergebnisse. Wo Vergebung herrscht, befindet sich ein Stück vom Himmel — denn der Gott der Vergebung ist dort durch den Heiligen Geist gegenwärtig. Ist es leicht, durch Willenskraft allein zu vergeben? Wer einmal aufrichtig die Vergehen und Fehler von anderen vergeben hat, würde das sicherlich verneinen. Wie also vergibt man?

Vergebung kostet immer einen Preis — Leiden — ein Kreuz. Glauben Sie niemals, daß Gottes Vergebung für Sie und mich Gott nichts gekostet hätte. Es kostete Ihn die Opferung Seines einzigen Sohnes. Obwohl wir diejenigen waren, die gesündigt hatten, mußte Jesus die Sünden auf sich nehmen. Der Vergebende — nicht diejenigen, denen Vergebung widerfuhr —, zahlte den Preis. Ebenso wird es auch uns Leiden und ein Kreuz kosten, wenn wir anderen vergeben. Warum? Es ist uns nicht möglich, anderen zu vergeben, wenn wir noch auf unserer Meinung beharren oder auf unseren Rechten und blindem Eifer bestehen. Wenn wir unseren eigenen Stolz, Ärger und Gedanken kreuzigen, werden wir zur völligen Vergebung fähig sein — mit unserem Herzen genauso wie mit unserem Munde. Um anderen zu vergeben, müssen wir uns selbst sterben. Solange das nicht geschieht, werden Haß, Stolz, krankhafte Empfindungen und Ressentiments fortwährend emporkommen und unsere Fähigkeit zur Vergebung blockieren. Wir werden von Egozentrik befreit, wenn wir vergeben. Und wir werden freigesetzt von unserem Starrsinn, unserer Arroganz und unserem Geltungsdrang; wir gelangen in die wahre Freiheit Gottes hinein.

Corrie ten Boom, die ihre letzten Lebensjahre in den Vereinigten Staaten verbrachte, war eine berühmte holländische Erweckungspredigerin. Während des Zweiten Weltkriegs wurden sie und ihre Familie verhaftet und in ein Konzentrationslager der Nazis transportiert, weil sie in ihrem Hause Juden versteckt hatten. Ihr Vater und ihre Schwester starben in den Lagern, und Corrie kehrte allein nach Hause zurück. Nach dem Kriege hörte sie während einer Predigt den Heiligen Geist sprechen: „Die Menschen in Deutschland leiden an der tiefen Schande ihres Weges. Mache dich auf und verkündige ihnen das Evangelium."

Nach diesem Reden ging Corrie nach Deutschland, um zu predigen. Im Anschluß an eine bestimmte Predigt über Vergebung weinten sehr viele Menschen und bekannten ihre Sünden. Viele warteten, um ihr die Hand zu schütteln, als sie von der Plattform stieg. Während sie jeden nacheinander freudig begrüßte, erschien in der Reihe ein Mann, der ihr die Hand entgegenstreckte. Sobald sie ihn erblickte, meinte sie, ihr Herz stehe still. Er war einer der Bewacher von

Ravensbrück, dem Konzentrationslager, in dem sie und ihre Schwester eingekerkert gewesen waren. Die Gefangenen mußten nackt vor ihm erscheinen, als sie ins Lager transportiert worden waren, und häufig hatte er die Nahrungsration gekürzt. Schmerzliche Erinnerungen dieser schrecklichen Jahre entfalteten sich vor Corrie wie ein Panorama. Der Mann erkannte sie nicht als eine Gefangene, aber sie wußte, sie würde sein Gesicht niemals, selbst im Traum nicht, vergessen können. Er berichtete ihr, seit seinem Wachdienst in Ravensbrück Christ geworden zu sein. „Ich weiß, daß Gott mir die Grausamkeiten, die ich verübte, vergeben hat, aber ich würde das gerne auch von Ihren Lippen hören. Wollen Sie mir vergeben?"

Das Bild ihrer verstorbenen Schwester zog an ihrem geistigen Auge vorüber; die bittere Erinnerung ihres eigenen Leidens wurde neu belebt. Obwohl sich das alles in Sekundenschnelle abspielte, erschienen ihr diese Augenblicke wie Jahre. Endlich betete sie: „Herr, ich kann diesem Mann nicht vergeben. Hilf mir!"

Sie konnte sich schließlich entscheiden, ihre Hand zu heben. Als sie das tat, ergoß sich das Auferstehungsleben Jesu in Corries Herz, und sie vergab dem ehemaligen Bewacher. Alle Bitterkeit verschwand und wurde mit Freude durch die Kraft des Herrn ersetzt. Später erzählte sie, sich zehn Jahre jünger vorzukommen. Für Jahre reiste Corrie danach um die ganze Welt und verkündete die Liebe und Vergebung von Christus.

Wer vergibt, trägt immer eine Verantwortlichkeit: Sich selbst vor dem Kreuz niederzuwerfen, seine Egozentrik ebenso zu kreuzigen wie Stolz, Zorn und Geltungsdrang. Wenn wir das tun, wird Gott mit Sicherheit Sein Auferstehungsleben und Seine Heilung über uns ausgießen. Beziehungen werden wieder zum Leben erweckt — zwischen Eltern und Kindern, zwischen Freunden — und unser Leben wird neu. Wenn unsere alten Wunden geheilt und wir von jedem Haß befreit sind, können wir echtes Glück und wahre Freude genießen.

Zahlreiche Menschen leiden hilflos an körperlichen Krankheiten, die in Feindschaft und Haß begründet liegen. Familienbeziehungen sind wegen Groll und Haß zerbrochen. Wie viele Eltern sind ihren Kindern entfremdet, wie viele Freundschaften erkaltet wegen Haß und Bosheit? Vergebung ist das wahre, unentbehrliche Element unserer Heilung.

Gebet in Übereinstimmung mit der Lehre unseres Herrn Jesus — „Vergib uns unsere Schuld, wie auch wir vergeben unseren Schuldigern" — ist der Schlüssel, der uns in den Stand versetzt, ein glückliches Leben zu führen. Der Herr lehrte uns, zu vergeben und uns zu versöhnen, bevor wir unsere Opfer darbringen. Matthäus 5:23-24 sagt: „Wenn du nun deine Gabe zum Altar bringst und daselbst eingedenk wirst, daß dein Bruder etwas wider dich habe, so laß deine Gabe dort vor dem Altar und gehe zuvor hin und versöhne dich mit deinem Bruder und alsdann komm und opfere deine Gabe."

Gott beantwortet das Gebet eines Menschen, der vergibt und der versöhnt ist. Wenn wir Groll und Haß in unseren Herzen haben, kann Gott unsere Gebete nicht erhören, wie inständig wir auch zu Ihm rufen mögen. Wie der Herr gesagt hat, sollten wir zusehen, daß die Vergebung Gottes in uns überfließend ist, indem wir denen vergeben, die gegen uns gesündigt haben.

„Und vergib uns unsere Schuld, wie auch wir vergeben unseren Schuldigern." Wenn wir diesen Vers aus dem Gebet des Herrn Tag und Nacht beten, werden unser Geist, unsere Seele, unser Leib und unser tägliches Leben geheilt werden. Dann, angetan mit bleibendem Glauben, Hoffnung und Liebe, sind wir in der Lage, auf ein besseres Morgen vorwärts zu gehen, auch wenn wir noch sündige Tendenzen, Unzulänglichkeiten und Mängel besitzen, auch wenn wir persönliche Zusammenstöße oder Meinungsverschiedenheiten haben.

5

Führe uns nicht in Versuchung

Gott ist unser Vater. Wir sind die Kinder des allmächtigen und allwissenden Gottes. Als Kinder beten wir ernsthaft um Hilfe und Bewahrung vor Gefahren, und wir können Gott auch bitten, uns nicht in Versuchung zu führen. Bevor wir aber dieses Gebet sprechen, müssen wir ein richtiges Verständnis von dem Wort *Versuchung* besitzen, das Jesus hier benutzte. Will Gott uns von Versuchung befreien? Ist Er in der Lage dazu? Was können wir tun, um uns vor Versuchung zu bewahren?

Das Wort *Versuchung* wird in nichtchristlichen Kreisen nicht allzuoft gehört. Aber Christen reden häufiger über Angelegenheiten wie „Diakon Soundso ist in Versuchung gefallen", „ich habe die Versuchung überwunden", „bete, damit du nicht in Versuchung fällst."

Die meisten von uns gebrauchen dieses Wort, ohne seine tiefere Bedeutung völlig zu verstehen. Was also bedeutet *Versuchung*? Im Griechischen gibt es zwei Worte, die zu übersetzen sind. Das eine, *dokimazo*, bezieht sich auf die *Prüfung* oder *Erprobung*, in die Gott uns hineinstellt, um uns größere Segnungen durch

Bewährung und Anerkennung zu geben. Wenn wir uns um die Führung eines siegreichen Lebens bemühen, wird Gott uns mit *dokimazo* testen. Er will uns erproben, damit Er uns Gutes zurückerstatten kann; damit Er uns Anerkennung geben und größerer Segnungen würdigen kann; damit wir brauchbarer für Ihn sind. Eine Echtheitsprobe, damit jeder erkennen kann, daß wir wahr und echt sind, ist die Probe, um die es bei dem Wort *dokimazo* geht. Der Teufel stellt uns niemals auf eine solche Probe. Er prüft nicht unsere Qualifikation und belohnt uns auch nicht. Im Zusammenhang mit dem Gebet des Herrn, das wir betrachten wollen, handelt es sich nicht um diese Bedeutung von *Versuchung*.

Das andere griechische Wort bezieht sich auf die Versuchung, die von Prüfung, Leiden und Bedrängnis begleitet wird. Manchmal ist diese Art der Versuchung, *peirazo*, von Gott, manchmal geschieht sie durch Satan. Wir wollen einen Blick auf die unterschiedlichen Motive werfen, die darin enthalten sind.

Das Wort, das Jesus in „führe uns nicht in Versuchung" benutzt, bezieht sich auf die Versuchung, die Menschen beraubt, tötet und zerstört, wenn sie hineinfallen. Nur wenige Menschen, die durch diese Versuchung gingen, sind unbeschadet davongekommen.

Gottes Wille ist es, daß wir nicht in Versuchung fallen, die uns durch Leiden, Prüfungen und Bedrängnis zerstören würde. Die Ermahnung Christi, daß wir beten sollten, um nicht in Versuchung zu fallen, zeigt den Willen unseres liebenden Gottes, unser Gebet zu erhören. Wenn wir beten, daß wir nicht in Versuchung fallen, müssen wir den Glauben haben, daß durch dieses Gebet die ausgestreckte Hand des allmächtigen Gottes uns von der Versuchung des Teufels befreien will.

Prüfungen, Leiden und Bedrängnis, die Gott erlaubt

Es gibt Zeiten, in denen Gott uns Prüfungen, Leid und Bedrängnis erdulden läßt, so daß Er unsere Treue feststellen kann. Wenn wir mit unseren Lippen „Herr, Herr", bekennen, unser Leben diese Aussage aber Lügen straft, dann läßt Er es zu, daß wir Versuchung durchleben, in der Absicht, unsere Liebe zur Wahrheit festzustellen.

Während ihrer vierzigjährigen Wüstenwanderung stellte Gott die Kinder Israel auf die Probe. Obwohl sie Ihn mit ihren Lippen „Herr" nannten, waren ihre Herzen fern von Ihm. Wenn alles gut verlief, dann lobten sie Gott, doch wenn die Umstände schlecht waren, wandten sie sich von Ihm ab. Wegen dieser Neigung stellte Gott die Kinder Israel auf die Probe, um herauszufinden, ob sie Ihm aufrichtig vertrauten oder nicht. Als Folge davon starb alles Volk in der Wüste, das aus Ägypten gezogen war, mit Ausnahme von Josua und Kaleb. Obwohl das Volk den Ort erreichte, an dem es Kanaan erblickte, konnte es das Land von Milch und Honig nicht betreten.

Gott versuchte auch Abraham mit der Erprobung seines Gehorsams. Gott befahl Abraham, seinen einzigen Sohn Isaak an einen Berg im Lande Morija zu schaffen und ihn dort als Opfer darzubringen — als ein Brandopfer. Isaak war im hohen Alter Abrahams geboren worden, und nichts hätte eine schwerere Prüfung und größere Bedrängnis sein können als dieses Ersuchen. Ein Sturm erhob sich in Abrahams Herz. Verzweiflung überflutete ihn.

Warum stellte Gott Abraham auf eine dermaßen schwere Probe von *peirazo*, um Prüfung, Leid und Bedrängnis zu erdulden? Weil Abraham geneigt schien, Isaak mehr zu lieben als Gott. Als Gott sah, daß Abraham in Gefahr stand, Ihn zu verraten und Ihm ungehorsam zu werden, entschloß Er sich, ihn zu versuchen. Abraham bestand erfolgreich die Probe, die der Feststellung diente, ob er gehorsam war oder nicht. Im Gehorsam gegen Gottes Gebot brachte Abraham seinen einzigen Sohn zu dem Berg, band ihn und legte ihn auf einen Stoß von Feuerholz. Können Sie sich die Pein und die Todesangst, die Abraham als Vater empfunden haben muß, vorstellen, als er das Messer hob, um Isaak zu töten? Gott sah den wahren Gehorsam Abrahams, befreite ihn aus aller Not und sprach: „Ich will dich gewiß segnen und deinen Samen mächtig mehren wie die Sterne am Himmel und wie den Sand am Rande des Meeres“ (Gen. 22:17).

Natürlich wäre es für Abraham viel besser gewesen, wenn er eine derartige Prüfung nicht zu erdulden gehabt hätte. Er wurde mit *peirazo* versucht, weil er Isaak mehr als Gott liebte, aber er bestand die Prüfung erfolgreich, aufgrund seines Glaubens, und deshalb empfing er den Segen. Gott erspart uns diese Art

Probe, wenn wir aufrichtig treu gegen Ihn sind. Und wir müssen beten, daß wir treu genug bleiben, um nicht durch einen solchen Test geführt zu werden.

Wenn wir die Welt mehr als Gott lieben, wird Er uns sogar durch Prüfungen, Leiden und Bedrängnis erproben. Wann immer wir das Gebet „Herr, führe uns nicht in Versuchung“ sprechen, sollten wir unsere Herzen mit der Frage durchforschen: „Herr, führe ich ein gehorsames Leben in der Gegenwart Gottes?“

Die Versuchungen, die der Teufel bewirkt

Der Teufel versucht ebenso, uns in Prüfungen, Bedrängnis und Leiden hineinzubringen, jedoch mit völlig anderer Betonung und Absicht. Er will rauben, töten und uns und unseren Glauben verderben und zerstören. Das meiste von *peirazo*, das wir erdulden, ist vom Teufel. Gott unterzieht uns sehr selten einer Prüfung, wie Abraham es erlebte.

Wenn wir uns darum bemühen, ein Leben im Glauben an Jesus als unseren Erlöser zu führen, versucht der Teufel, ob er diesen Glauben nicht fortnehmen kann — unter allen Umständen und bei jeder Gelegenheit. Die Prüfungen, die in Hebräer 11:36-38 berichtet werden, sind diese Art von Versuchung durch den Teufel:

„Andere erfuhren Spott und Geißelung, dazu Ketten und Gefängnis; sie wurden gesteinigt, verbrannt, zersägt, erlitten den Tod durchs Schwert, zogen umher in Schafspelzen und Ziegenfellen, erlitten Mangel,

Bedrückung, Mißhandlung; sie, derer die Welt nicht wert war, irrten umher in Wüsten und Gebirgen, in Höhlen und Löchern der Erde."

Diese Personen hatten Glauben, aber der Teufel erschütterte sie mit Prüfungen, Leiden und Bedrängnis, um ihren Glauben fortzunehmen. Unser Herr forderte uns auf zu beten, damit wir nicht in diese Art von Versuchung, die durch Satan veranlaßt wird, hineinfallen.

Während der sechsunddreißigjährigen Besatzung Koreas durch die Japaner warfen die Japaner viele Pastoren ins Gefängnis und töteten sie; sie verfolgten die Leiter der Kirche. Satan ließ Korea bestimmte Versuchungen erdulden — Leid und Bedrückung —, um das Christentum auszurotten. Während des Koreakrieges kamen die Kommunisten ins Land und zerstörten mehr als 260 Kirchen. Sie erschossen und töteten mehr als 230 Pastoren, verschleppten viele Geistliche und Gläubige und brachten sie nach Nord-Korea. Auch das war Versuchung oder Prüfung Satans. Der Herr forderte uns auf zu beten, damit wir nicht in die Versuchung geraten, die die Kirche und die Christen zerstört, und die Herrlichkeit Gottes von dieser Erde nimmt.

Über die Versuchung, mit der der Teufel die Gemeinde versucht, sagt die Bibel: „Fürchte nichts, was du leiden wirst. Siehe, der Teufel wird etliche von euch in Gefängnisse werfen, damit ihr versucht werdet, und ihr werdet Trübsal haben zehn Tage lang. Sei getreu bis in den Tod, so will ich dir die Krone des Lebens geben" (Off. 2:10).

Der Teufel will uns verderben, indem er unseren Glauben schwächt und wütend versucht, uns in der

Falle der Sünde zu fangen. Adam und Eva stolperten genau in diese Versuchung — wegen der Lust des Fleisches, der Augenlust und des Stolzes in ihrem Leben. Als Jesus vierzig Tage lang gefastet hatte, wurde Er von Satan versucht. Da er wahrnahm, daß Jesus hungerte, versuchte Satan Ihn mit der Herausforderung, die Steine in Brot zu verwandeln. Dann versuchte er Jesus, indem er Ihn auf die Zinne des Tempels führte und Ihm zuredete, sich hinunterzustürzen. Ein drittes Mal versuchte Satan Jesus und versprach, Ihm alle Reiche dieser Welt zu übergeben, wenn Er nur niederfallen und ihn anbeten würde.

Auch heute benutzt unser Feind verschiedene Umstände und Gelegenheiten, um uns eine Falle zu stellen. Wenn wir in einer solchen Versuchung gefangen sind, werden wir in Trübsal gebracht, zerbrochen und niedergetreten. Darum hat unser Herr uns gelehrt zu beten, daß wir nicht in Versuchung fallen.

Warum fallen wir in *peirazo*?

Jakobus 1:14-15 erklärt: „Sondern ein jeder wird versucht, wenn er von seiner eigenen Lust gereizt und gelockt wird. Danach, wenn die Lust empfangen hat, gebiert sie die Sünde; die Sünde aber, wenn sie vollendet ist, gebiert den Tod."

Gott erlaubt es, Prüfungen und Betrübnis zu erdulden (auch wenn wir verletzt werden und an starken Schmerzen leiden), denn Er möchte herausfinden, wo wir in unserer Beziehung zu Ihm stehen. Er möchte, daß wir Buße tun und von dem Weg der Zerstörung herunterkommen, bevor die Lust empfangen hat und Sünde und zuletzt den Tod hervorbringt.

Der Teufel jedoch versucht uns, wenn unser Glaube schwach wird. Er führt uns in Versuchung, wenn wir es unterlassen, die Bibel zu lesen, wenn wir das Gebet versäumen, wenn wir nicht länger mehr mit dem Heiligen Geist erfüllt sind, und wenn unser Dienst für Gott mit geringer Begeisterung ausgeführt wird. Wenn unser Glaube allmählich abkühlt und unsere Liebe zu Gott der Liebe zur Welt weicht, wenn wir anfangen, den Ratschlägen der Gottlosen zu folgen, auf den Weg der Sünder zu treten und bei den Spöttern zu sitzen, fallen wir in Satans Versuchung. Wenn wir in dieser Schlinge der Versuchung gefangen sind, werden wir unseres Glaubens beraubt werden und zur Verdammnis gelangen.

Der Teufel versucht uns mit Trieben, mit Geldgier und der Lust des Fleisches. Da wir die Anlage zu Wünschen von Gott empfangen haben, ist es normal, daß wir uns an ihnen, in den von Gott gesetzten Grenzen, erfreuen. Unser Verlangen, gut gekleidet zu sein und in einem komfortablen Haus oder einer solchen Wohnung zu leben, ist nicht schlecht an sich. Und Einfluß, auf legale Weise erlangt, ist gottgegeben. Aber wenn wir über Gottes Begrenzungen hinausgehen, unersättlich werden und leben, um zu essen oder von der Gier, Geld zu scheffeln, sei es durch faire oder unrechtmäßige Mittel, überwältigt werden, dann hält der Teufel Einzug und führt uns in bodenloses Verderben. Zu viele Menschen sind dem Luxus und Diebstahl ergeben und werden durch verbotenes Erwerben von Vermögen zerstört.

Wenn wir durch Machtbegehren umhergetrieben und von Stolz verzehrt werden, dann siegt die Versuchung des Teufels. Versuche der Machtergreifung durch illegale Methoden, wie Präsident Kim Il-Sung von Nord-Korea das tat, und dabei unzählige Leben opferte, in der Absicht, seinen persönlichen Ehrgeiz zu befriedigen, gehören dem Stolz dieser Welt an. Wird man ein Opfer dieser Versuchung, fällt man unter das Gericht Gottes und ins Verderben. Wer von Fleischeslust umhergetrieben wird, von Augenlust und dem Stolz dieser Welt, lebt augenscheinlich in Komfort, Herrlichkeit und Ehre, aber Gott, dem nichts entgeht, richtet ihn; seine Vergnügungen sind zeitlich begrenzt.

Wie können wir vor Versuchung bewahrt werden?

Jesus forderte uns zum Gebet auf, damit wir nicht in Versuchung durch Prüfungen, Bedrängnis und Leiden fallen, gleichgültig, ob es durch die Erlaubnis Gottes geschieht oder durch die Versuchungen des Teufels. Wenn wir beten, wird Gott uns festhalten, damit wir nicht in eine Falle geraten.

Wie kann Gott uns davor bewahren, in Versuchung zu fallen, die zu Bedrängnis, Leid und Vernichtung führt und uns beraubt, tötet und zerstört? Wir wollen verschiedene Feststellungen gut im Gedächtnis behalten, damit wir uns erfolgreich ermutigen können, wenn Versuchungen kommen.

Erkenntnis von Gottes Wort

Zuerst benötigen wir Kenntnis und Erkenntnis vom Wort Gottes. Als Jesus Sein Fasten von vierzig Tagen beendete und Satan Ihn in Versuchung führte, blieb Jesus nicht durch Theorien standhaft. Er widerstand der Versuchung des Teufels, indem Er zitierte: „Es steht geschrieben ..." Das Wort Gottes ist die Weisheit aller Weisheiten und die Erkenntnis aller Erkenntnisse. Es leuchtete und leuchtet als Licht in der Finsternis.

Als Satan versuchte, Jesus zu verführen, und Ihn aufforderte, Steine in Brot zu verwandeln, erwiderte Jesus: „Es steht geschrieben: Der Mensch lebt nicht vom Brot allein, sondern von einem jeden Wort, das durch den Mund Gottes ausgeht" (Mt. 4:4).

Satan versuchte, Jesus auf der Zinne des Tempels zu verführen, und wieder zitierte Jesus das Wort. Satan forderte Jesus heraus:

„Bist du Gottes Sohn, so wirf dich hinab; denn es steht geschrieben: Er wird seinen Engeln deinethalben Befehl geben, und sie werden dich auf den Händen tragen, damit du deinen Fuß nicht etwa an einen Stein stoßest. Da sprach Jesus zu ihm: Wiederum steht geschrieben: Du sollst den Herrn, deinen Gott, nicht versuchen" (Mt. 4:6,7).

Satan führte Jesus dann auf einen hohen Berg und zeigte Ihm alle Reiche dieser Welt. Er wollte Jesus alles geben, wenn Er nur niederfallen würde und Satan anbetete. Dieses Mal gab Jesus zur Antwort: „Es steht geschrieben: Du sollst den Herrn, deinen Gott, anbeten und ihm allein dienen" (Mt. 4:10).

Da wurde Jesus von Satan verlassen, und Engel erschienen und dienten Ihm. Wenn wir uns die Schrift von der Genesis bis zur Offenbarung aneignen und beherzigen, können wir immer selbst die betrügerischsten Verführungen Satans abwehren, weil wir in der Lage sind, die Verführungen zu erkennen.

Eines Tages erschien ein Mann in meiner Seelsorge. Er sagte: „Pastor, ich habe zwei Frauen. Nach meiner legalen Hochzeit habe ich eine andere Wohnung mit einer anderen Frau eingerichtet, mit der ich gemeinsam arbeitete. Beide Frauen lieben mich, und ich liebe auch alle beide. Ich kann keine von ihnen aufgeben, und jede von ihnen sagt, daß sie ohne mich nicht leben könne.

Weil ich hart arbeite, beide Familien unterhalte und mich zwischen beiden aufteile, glaube ich, daß ich wohltätig bin und das Richtige tue. Aber dennoch mache ich mir Gedanken darüber und liege nachts deswegen wach."

Er war ganz offensichtlich in der Verführung des Teufels gefangen, hatte es aber nicht bemerkt. Ich entgegnete: „Haben Sie jemals das Wort Gottes gehört? Eines der Zehn Gebote lautet, daß wir nicht ehebrechen sollen. Und Jesus befahl ebenfalls, nicht die Ehe zu brechen, was Sie aber tun."

„Was soll ich denn machen? Wenn ich einen der Haushalte aufgebe, wird die betreffende Frau verhungern. — Außerdem sind Kinder vorhanden."

„Bringen Sie ihr Leben in Ordnung, ohne dem Gesetz oder der Moral Gewalt anzutun. Sie könnten für die Frau Unterhalt zahlen und die Schulausbildung für die Kinder übernehmen, deren Verbindung Sie auflösen müssen. Wenn Sie das tun, können Sie vor Gott gerecht werden."

Wenn wir eine sichere Kenntnis vom Worte Gottes besitzen, können wir den Teufel entschlossen zurückweisen, unabhängig davon, wie spitzfindig er auch versuchen mag, uns zu verführen. Verlassen wir uns nicht auf das Wort Gottes, sondern versuchen, unsere Probleme auf unsere Weise, mit eigener menschlicher Weisheit, zu lösen, geraten wir in die Schlinge des Teufels.

Leben im Glauben

Zweitens sollten wir im Glauben leben. Wenn der Teufel uns versucht, verursacht er Unruhe und Furcht. Er verweist auf unsere Umgebung — auf das, was wir sehen, hören und fühlen —, und flüstert: „Du hast versagt. Jetzt wirst du sterben. Du bist ruiniert. Alles ist aus."

Wenn wir im Glauben leben, können wir jedoch kühn unseren Glauben bekennen, vorwärtsmarschieren und sprechen: „Ich glaube", selbst wenn kein Anzeichen der Ermutigung zu sehen, zu hören oder zu fühlen ist. Weshalb? Weil unser Glaube auf dem Wort Gottes gegründet ist, welches nicht vergehen wird. Wenn wir uns vorwärtsbewegen und das Wort der Verheißung festhalten, können wir durch den dunklen Tunnel in das helle Licht gelangen. Menschenworte und die Reiche dieser Welt werden vergehen; der Lauf der Zeit wird sich ändern; aber nicht ein Jota oder Strich von Gottes Wort wird aufgehoben werden. Um der Versuchung standzuhalten, müssen wir im Glauben leben; wir stehen auf dem Fundament, welches das Wort Gottes ist.

Treue zu Gott

Wir müssen treu gegen Gott sein. Jeder ist zu irgend etwas verpflichtet und mit irgend etwas verbunden. Einer lebt für Geld, ein anderer für Macht. Einige leben für Vergnügungen, und andere verbrauchen sich durch einen Hang zum Glücksspiel. Was es auch immer sein mag, jeder hat etwas, wofür er lebt. Wir Christen sollten jedoch zuerst dem Altar Gottes treu sein; wir müssen nach Seinem Reich und nach Seiner Gerechtigkeit trachten. Wir sollten Gott lieben und Ihm folgen von ganzem Herzen, ganzer Seele und ganzem Gemüt. Wenn wir das tun, wird Gott uns beistehen, nicht in Versuchung zu fallen. Steht Gott nicht im Mittelpunkt unseres Lebens, geraten wir in die von Gott erlaubte Versuchung und in die Versuchung, die vom Teufel angestiftet wird.

Wenn Sie in eine Prüfung geraten, dann murren und beklagen Sie sich nicht. Denn wenn wir murren und klagen, sprechen wir schon mehr über den Teufel als über Jesus.

Als die Kinder Israel in der Wüste versucht wurden, murrten sie ununterbrochen, klagten und seufzten. Sie erkannten nicht, daß Gott sie immer noch führte. Infolgedessen wurden sie völlig vernichtet. Auch wenn Ihr Murren und Klagen gerechtfertigt zu sein scheint, disziplinieren Sie Ihre Gedanken, weil Murren und Klagen dem Teufel den Weg bereiten und ihm gute Gelegenheit bieten, uns zu vernichten. Wenn Sie es lernen, für alles zu danken, werden Sie Gottes Hilfe erfahren, die Versuchung zu überwinden.

Ein Amerikaner wurde zu fünfzig Jahren Gefängnis verurteilt, als er vierzig Jahre alt war. Es schien keine Möglichkeit zu geben, jemals freigelassen zu werden, und zuerst raste und tobte er. Er trat gegen die Zellentür und rüttelte an den Gitterstäben des Fensters. Er spuckte, raufte sich die Haare und kreischte wie ein Wahnsinniger. Aber nach ein paar Tagen des Tobens erkannte er, daß es sinnlos war. In diesem Augenblick fand er in einer Ecke der Gefängniszelle eine Bibel und begann, darin zu lesen. In ihren Seiten fand er Jesus und bekannte Ihm alle Sünden und weinte viele Tage. Sein Äußeres veränderte sich. Er spürte nicht mehr die drückende Hoffnungslosigkeit und auch nicht die Enge seiner Zelle. Obwohl im Gefängnis, fühlte er sich so frei, daß er es kaum glauben konnte. Eine nie gekannte

Freude überkam ihn, er begann, vor lauter Freude und Dank zu hüpfen und sich auf dem Zellenboden hin und her zu rollen.

Irgendwann erfuhr er, daß seine Frau und seine Tochter an Krebs erkrankt waren. Obwohl er als Ehemann und Vater die Verantwortung hatte, für sie zu sorgen, saß er hilflos im Gefängnis. Tiefe Niedergeschlagenheit umgab ihn, doch war es sinnlos zu klagen. Statt dessen sagte er: „Wenn es nichts gibt, was ich tun kann, warum danke ich dann nicht, sogar für diese Krankheit?" So begann er zu danken, indem er sprach: „Herr, ich danke dir, daß meine Frau Krebs hat. Ich danke dir auch, daß meine Tochter Krebs hat." Doch etwas Wunderbares geschah. Nach einiger Zeit erhielt er die Nachricht, daß seine Frau und Tochter vollständig geheilt waren. Weil er ein vorbildlicher Gefangener war, wurde seine Gefängnisstrafe zunächst auf zehn Jahre reduziert, dann auf fünf Jahre.

Danken ist eine Abkürzung zur Überwindung von Versuchung. Wer zu mir in die Seelsorge kommt, dem erteile ich den Ratschlag: Gib Dank allezeit. Ob Eheleute sich gestritten haben oder ihr Kind davongelaufen ist, ob jemand mit einer verhängnisvollen Krankheit darniederliegt oder einen Geschäftsverlust hat — die Aussage von Römer 8:28 sollte im Glauben empfangen werden: „Wir wissen aber, daß denen, die Gott lieben, alles zum Besten mitwirkt, denen, die nach dem Vorsatz berufen sind."

Gesundheit ist nicht das einzige, das zum Besten mitwirkt; Krankheit wirkt auch zum Besten mit. Nicht nur Geschäftserfolg, sondern auch Geschäftsverlust wirkt zum Besten mit. Nicht nur das Lob durch andere Menschen, sondern ihre Beschwerden wirken ebenso zum Besten mit.

Als Joseph durch seine älteren Brüder in die Sklaverei verkauft wurde, war er siebzehn Jahre alt. Fünfzehn Jahre lang diente er als Sklave, zwei Jahre dieser Zeit verbrachte er im Gefängnis aufgrund falscher Anklage. Sein Leben schien ruiniert zu sein. Joseph aber murrte und klagte nicht. Vielmehr dankte er immer wieder Gott.

Zuletzt wurde Joseph zum höchsten Befehlshaber unter dem ägyptischen Pharao bestimmt. Wegen einer Hungersnot kamen die älteren Brüder Josephs nach Ägypten, um Nahrung zu kaufen. Wie erstaunt waren sie, als sie Joseph trafen. Sie fielen vor ihm nieder, weil sie wegen seiner Großzügigkeit so dankbar waren. Mit seiner Hilfe reisten sie durch Ägypten, aber als ihr Vater Jakob starb, fürchteten die Brüder, Joseph könnte sich an ihnen rächen. Joseph aber hatte eine andere Einstellung: „Ihr gedachtet zwar Böses wider mich; aber Gott gedachte es gut zu machen, daß er täte, wie es jetzt am Tage ist, um viel Volk am Leben zu erhalten“ (Gen. 50:20).

Wie sehr andere auch versuchen mögen, Ihnen Böses zu tun, Gott wendet Böses in Gutes, wenn Sie ein Christ sind und Ihm vertrauen, daß alles zum Besten mitwirkt. Menschen, die nur Honigseim annehmen und alles Bitterkraut ausspucken, sind töricht. Sie können nicht anders, als in Versuchung zu fallen. Gott läßt uns alles zum Besten mitwirken.

Wir müssen das gesamte Bild unserer Vergangenheit, Gegenwart und Zukunft betrachten. Danken Sie Gott, wenn Sie sich mit Ihrer Frau gezankt haben. Wenn Ihre Kinder Ihr Zuhause verlassen haben und die Tür hinter sich zuschlugen, sprechen Sie ein Dankgebet: „Himmlischer Vater, mein Sohn hat das Haus verlassen. Obwohl ich nicht weiß, wo er sich befindet, danke ich Dir. Wenn Du ihn wieder zurückbringst, werde ich Dir noch mehr danken." Wenn Ihr Geschäft oder Ihre Arbeit nicht glatt läuft, danken Sie. Die Bibel sagt: „Wer Dank opfert, verherrlicht mich und bahnt einen Weg; ihn werde ich das Heil Gottes sehen lassen" (Ps. 50:23, Revidierte Elberfelder). Diese Schriftstelle sagt uns, daß das Opfer der Danksagung für Gott den Weg bahnt, um schnell Seine göttliche Hilfe zu senden. Deshalb sollten wir in allem Dank sagen, damit wir nicht in Versuchung fallen.

Erinnern Sie sich, Gott, unser guter Vater, will nicht, daß wir durch Leiden, Prüfungen oder Bedrängnis zerstört werden. Jesus gebot, daß wir Gott immer bitten, uns vor dieser Versuchung zu bewahren. Wenn wir Gott ungehorsam sind und voll Groll werden, erlaubt Gott es, daß wir in die Versuchung von *peirazo* geraten. Die meisten Versuchungen aber, in die wir geraten, werden von dem Teufel verursacht, der uns berauben, töten und zerstören will. Wenn wir wegen unseres schwachen Glaubens der Lust nachgeben, bedrängt uns der Teufel mit einer Verführung, die uns verderben kann.

Darum lehrte Jesus uns zu beten: „Führe uns nicht in Versuchung." Mit der sicheren Erkenntnis des Wortes Gottes in unserem Herzen, können wir unseren

Glauben bewahren, während wir Versuchung widerstehen, indem wir Gott immer für alles danken. Aber selbst wenn es geschieht, daß uns Versuchung widerfährt, müssen wir nicht in dieser Falle gefangen werden. Wir haben einen Gott, der uns von dem Bösen befreien kann.

6

Erlöse uns von dem Bösen

Niemand kann die Tatsache verleugnen, daß Gut und Böse existieren. Aber als Adam und Eva im Garten Eden lebten, kannten sie nur ewige Liebe, Gehorsam und geistliche Gemeinschaft. Nur weil Adam und Eva fielen, überflutete das Böse mit seinen Kräften diese Welt.

Trotz strenger Gesetze und Strafen vermehrt sich das Böse wie eine Epidemie. Was aber ist der Mittelpunkt des Bösen? Der sechste Punkt, den Jesus in Seinem Gebet lehrte, lautet: „Erlöse uns von dem Bösen." Die griechische Bedeutung dieses Abschnitts lautet: „Befreie uns aus der Hand des Bösen", und *der Böse* bezieht sich auf den Teufel oder Satan. Lassen Sie uns den Ursprung des Bösen untersuchen, seine Aktivitäten und unseren Widerstand gegen ihn.

Der Ursprung des Bösen

Menschen fragen wiederholt: „Warum hat Gott den bösen Feind, den Teufel, geschaffen und ihm gestattet, Zerstörungen und Verwüstungen in dieser Welt anzurichten?“ Doch Gott hat den Bösen nicht erschaffen.

Die Bibel erklärt, daß der ursprüngliche Zustand des Teufels nicht böse war. Er wurde von Gott als ein Erzengel aus den Cherubim erschaffen, besaß die höchste Position im Himmel und war verantwortlich für die Bewahrung der Heiligkeit Gottes. Aber als er durch Stolz versucht wurde, sich die Autorität Gottes widerrechtlich anzueignen, fiel er und veränderte sich in den bösen Satan. Die Bibel berichtet über Luzifer, bevor er fiel und zum Satan wurde:

„In Eden, im Garten Gottes, warst du; mit allerlei Edelsteinen, mit Sardis, Topas, Diamant, Chrysolith, Onyx, Jaspis, Saphir, Rubin, Smaragd warst du bedeckt, und aus Gold waren deine Einfassungen und Verzierungen an dir gearbeitet; am Tage deiner Erschaffung wurden sie bereitet. Du warst ein Gesalbter, ein schützender Cherub; ich habe dich gesetzt auf den heiligen Berg Gottes, und du wandeltest mitten unter den feurigen Steinen“ (Hes. 28:13,14).

Die Schrift zeigt, daß am Anfang, als Gott Himmel und Erde schuf, der Planet Erde von Satan in Besitz genommen wurde. Die Erde, die wir jetzt bewohnen, ist nicht mehr die von Gott in Genesis 1:1 geschaffene, ursprüngliche Erde. Die Erde existierte Millionen von Jahren, bevor der Mensch erschien. Und der Erzengel, der die Verantwortung für diese Erde übernahm, hieß Luzifer. Vor seinem Fall regierte Luzifer die Erde nach dem Willen Gottes. Luzifer betete Gott mit wundervollen Liedern an und gab Gott die Ehre. Als der Stolz sein Herz ergriff und ihn gegen Gott rebellieren ließ, vertrieb ihn Gott aus dem alten Eden und legte schreckliches Gericht auf ihn. Die Erde wurde wüst und leer; Finsternis lag auf der Tiefe. Luzifer wurde Satan und übernahm die Macht im Luftbereich.

Die Behauptung der Anthropologen, daß der Ursprung tierischen Lebens auf der Erde Milliarden von Jahren zurückliegt (basierend auf den Daten ausgegrabener Fossilien oder Knochen), steht nicht im Gegensatz zu dem biblischen Bericht. Auf jener Erde, dem ersten Eden, in dem Luzifer regierte, existierten Berge und Flüsse, Pflanzen und Bäume. Einige Theologen behaupten, daß dort auch menschliches Leben existierte. Aber weil Luzifer fiel, verkündete Gott ein furchtbares Gericht über die Erde, das Unordnung und Durcheinander hervorbrachte. Alle Berge, Flüsse, Pflanzen und Bäume wurden begraben, und Fossilien und Erdöl sind die Überbleibsel der Tiere, die in diesem ersten Eden lebten.

Genesis 1:2 beschreibt die Szenerie, in welcher die Erde ihre Umwandlung durchschritt: „Und die Erde war wüst und leer, und es lag Finsternis auf der Tiefe, und der Geist Gottes schwebte über den Wassern.“ Nachdem Gott die Erde umgewandelt hatte, die von Chaos bedeckt gewesen war, schuf Er Adam und Eva und erweckte sie dort zum Leben.

Die Erde, die Gott in das zweite Eden verwandelte, ist jetzt ungefähr sechstausend Jahre alt. Und da Luzifer in Gestalt der Schlange Adam und Eva versuchte, verwandelte er diese Erde wiederum in eine elende Welt. So kennen wir sie heute. Warum wurde Luzifer zum Teufel? Hesekiel 28 beschreibt die Situation weiter:

„Du warst vollkommen in deinen Wegen von dem Tage deiner Erschaffung an, bis Missetat in dir gefunden wurde. Durch deine vielen Handelsgeschäfte ist dein Inneres voll Frevel geworden, und du hast gesündigt. Darum habe ich dich vom Berge Gottes verstoßen und dich, du schützender Cherub, aus der Mitte der feurigen Steine vertilgt. Dein Herz hat sich erhoben ob deiner Schönheit; du hast deine Weisheit um deines Glanzes willen verderbt. So habe ich dich auf die Erde geworfen und dich vor den Königen zum Schauspiel gemacht" (Verse 15-17).

Der Fall Luzifers und seine Verbannung aus dem alten Eden, der früheren Erde, wurde durch Stolz verursacht. So drücken es die Sprüche aus: „Vor dem Zusammenbruch wird man stolz, und Hochmut kommt vor dem Fall" (16:18). Jesaja schrieb über Luzifers Stolz:

„Wie bist du vom Himmel gefallen, o Luzifer, du Sohn des Morgenrots, wie bist du zu Boden geschmettert, der alle Völker besiegt! Und doch hattest du dir in deinem Herzen vorgenommen: Ich will zum Himmel emporsteigen und meinen Thron über die Sterne Gottes erhöhen und mich niederlassen auf dem Versammlungsberg im äußersten Norden; ich will auf die Wolkenhöhen steigen, dem Allerhöchsten gleich sein. Doch ins Totenreich wirst du gestürzt, in die tiefste Grube" (14:12-15, Grundtext).

Wie kann die Kreatur (das Geschöpf), der Sohn des Morgenrots, sich an die gleiche Stelle mit dem Creator (dem Schöpfer) setzen? Wie kann sich das Geschöpf wie der Schöpfer benehmen? Der Apostel Paulus warnt, daß wir uns nicht „vor Stolz erheben“ und „dem Gericht des Teufels verfallen“ (1. Tim 3:6). Das bedeutet: Die Sünde, die zur Verurteilung des Teufels führte, war Stolz. Woher stammen die zahlreichen bösen Geister und Dämonen? Die Bibel beantwortet diese Frage:

„Und es erschien ein anderes Zeichen im Himmel: Siehe, ein großer, feuerroter Drache, der hatte sieben Köpfe und zehn Hörner und auf seinen Köpfen sieben Kronen; und sein Schwanz zog den dritten Teil der Sterne des Himmels nach sich und warf sie auf die Erde“ (Off. 12:3,4).

Der Drache im Himmel bezeichnet Satan, der fiel und ein Drittel der himmlischen Heerscharen mit sich zog. Diese gefallenen Engel sind in der Welt, stören das Wirken Gottes, verursachen Unruhe unter dem Volk Gottes und streifen umher, um Unglauben hervorzubringen, der auf den Weg des Verderbens führt.

Die Werke des Teufels und seiner Gefolgschaft

Satan und sein Heer üben Böses nicht nur im Bereich von Einzelpersonen aus, sondern auch auf der Ebene ganzer Staaten und auf internationaler Ebene. Sie stiften einzelne und Nationen zur Rebellion gegen Gott an, verlocken ein Volk zum Atheismus; führen eine Nation zur moralischen Verderbtheit und zum wirtschaftlichen Niedergang. Jesus sagte: „Der Dieb kommt nur, um zu stehlen, zu töten und zu verderben“ (Joh. 10:10). Wir wollen das Werk Satans und seiner Gefolgschaft anhand der Bibel untersuchen.

Unsaubere Geister

Die Bibel erklärt: „Da rief er [Jesus] seine zwölf Jünger zu sich und gab ihnen Vollmacht über die unreinen Geister, sie auszutreiben, und jede Krankheit und jedes Gebrechen zu heilen" (Mt. 10:1).

Betrachten Sie den Strom von Schmutz, Unzucht und moralischem Niedergang, der die Welt überspült. Ich war alarmiert, als ich kürzlich folgende Geschichte hörte. Es wurde berichtet, daß sich in den koreanischen Teehäusern und Bars der Oberklasse die Menschen ungehemmt luxuriösen Alkohol- und Sexgelagen hingeben; sogar am Tage benimmt man sich in derartig schmutziger, obszöner und unzüchtiger Weise. Wenn diese unzüchtigen, gemeinen und verdorbenen Praktiken der Reichen und Mächtigen nicht aufgehalten werden, breiten sie sich mit großer Schnelligkeit wie eine Epidemie aus und werden unser ganzes Land verwüsten. Woher stammen ein derartiger moralischer Niedergang und eine solche Laszivität? Von unsauberen Geistern, die hinter den Kulissen wirken. Diese bösen Geister erniedrigen Familien und die Gesellschaft ebenso wie einzelne Personen.

Wenn wir Christen nicht die Atmosphäre unserer eigenen Häuser erneuern und die Atmosphäre unserer Gesellschaft reinigen, indem wir alle unsauberen Geister vertreiben, dann können wir die Gedanken unserer Kinder nicht vor Verunreinigung durch Bosheit bewahren. Wie ein Fluß, der über die Ufer tritt, überflutet diese Bosheit unsere Städte. Die Kirche muß sich erheben und diese unsauberen Geister durch

Glauben und Gebet binden. Letzteres kann nicht durch menschliche Stärke und menschliche Möglichkeiten geschehen.

Böse Geister

Ein böser Geist läßt uns rebellieren. Er bedrückt und beunruhigt unser Herz und macht uns zu einem Opfer von Neid und Eifersucht; er veranlaßt uns zu destruktiven Entscheidungen. König Saul hatte solch einen bösen Geist: „Aber der Geist des Herrn wich von Saul, und ein böser Geist, von dem Herrn gesandt, schreckte ihn“ (1. Sam. 16:14).

Wenn Hitler nicht von einem bösen Geist besessen gewesen wäre, hätte er niemals einen Krieg begonnen oder Millionen von Menschen umgebracht. In Deutschland hörte ich einmal, daß der Teppich im Gang von Hitlers Flugzeug in Stücke gerissen war, als ob er mit einem scharfen Messer zerschnitten worden wäre; mir wurde erklärt, daß Hitler den Teppich mit seinen Fingernägeln in Stücke gerissen hatte. Es wird berichtet, daß sogar der Wohnzimmerteppich vom Auftropfen seiner Tränen verdorben war. Als Ergebnis seiner Besessenheit durch einen bösen Geist verwüstete Hitler Europa und brachte sechs Millionen Juden um.

Der Massenselbstmord der Gruppierung, die sich „People's Temple“ nannte, ist ein anderes Ereignis, in dem ein Okkultist von einem bösen Geist besessen war. Ihr Führer, Jim Jones, überzeugte etwa neunhundert Menschen, sich einen mit Zyankali versetzten Todestrunk zu reichen. Solchermaßen schrecklich und qualvoll können Häresie und falsche Lehre enden. Regierungsorgane sollten die Lehre und Grundsätze derartiger Gruppierungen genau untersuchen und sie um des gesunden Verstandes der Menschen willen verbieten. Wer kann dafür garantieren, daß sich so etwas nicht wieder ereignet?

Das Neue Testament berichtet ebenfalls über böse Geister, die Menschen zum Wahnsinn bringen: „Als es aber Abend geworden war, brachten sie viele Besessene zu ihm [Jesus], und er trieb die Geister aus durchs Wort und heilte alle Krankheiten" (Mt. 8:16).

Es gab keine Zeit in der Geschichte, in der böse Geister so sehr die Oberhand besaßen wie heute. Psychische Kliniken und Nervenheilanstalten rund um die Welt sind überfüllt. Meine Reisen durch viele Länder bestätigten ein ausschlaggebendes Problem: Mit dem Überhandnehmen der Verstädterung und Vertechnisierung empfinden sich Männer und Frauen als Teil einer Maschine. Sie leiden an geistlicher Leere und seufzen unter schwerer geistiger Belastung. Indem sie diese Momente ausnutzen, dringen böse Geister schnell ein und bringen Unruhe, Unzufriedenheit, Enttäuschung und Verzweiflung für Ungläubige mit sich! Und sie verursachen gespaltene Persönlichkeiten. Wie dankbar sollten und dürfen wir als Christen sein; wir können dem Feind widerstehen, wenn wir spüren, daß Bedrückung uns zu übermannen versucht.

Lügnerische und verführerische Geister

Ein Lügengeist verlockt Menschen, der Lüge zu glauben, und führt sie dann zum Untergang. „Er sprach: Ich will ausgehen und ein Geist der Lüge sein im Munde aller seiner Propheten. Da sprach der Herr: Du sollst ihn betören, und du wirst es auch vermögen. Gehe aus und tue also“ (2. Chron. 18:21).

Jesus unser Herr ist der Weg, die Wahrheit und das Leben. Wer Jesus zum Mittelpunkt in seinem Herzen gemacht hat, besitzt ewiges Leben. Aber wer sich durch einen lügnerischen Geist hat täuschen lassen, wer lediglich wegen der Lust seines Fleisches lebt, wegen seiner Augenlust und den Vergnügungen dieser Welt, wird in das ewige Verderben gehen.

Den Lügengeistern sind verführerische Geister ähnlich. „Der Geist aber sagt deutlich, daß in späteren Zeiten etliche vom Glauben abfallen und verführerischen Geistern und Lehren der Dämonen anhangen werden“ (1. Tim. 4:1). Heute greifen diese verführerischen Geister und Lehren der Dämonen immer mehr um sich. Der Kommunismus war und ist die schlimmste Art eines verführerischen Geistes und dämonischer Lehre in der Menschheitsgeschichte. Kommunisten werben für ein Paradies, in dem jeder Gleichheit und Freiheit besitzen soll. Aber wenn man kommunistische Länder von Innen betrachtet, findet man heraus, daß die meisten Menschen in einem elenden Zustand von Sklaverei leben, ohne Pressefreiheit oder die Freiheit, ins Ausland reisen zu dürfen — während nur wenige der herrschenden Klasse ihre Wünsche befriedigen.

Diese verführerischen Geister und Lehren von Dämonen befinden sich auch in religiösen Gruppen. Einige mögen sagen, daß die Menschen kein ewiges Leben besitzen können, es sei denn, sie versammeln sich an einem bestimmten Platz — an dem das Tausendjährige Reich erscheinen wird. Das ist natürlich eine Lüge, aber ein verführerischer Geist kann Menschen davon überzeugen, daß Lügen voller Wahrheit sind.

Der Wahrsagegeist

„Es begab sich aber, als wir zur Gebetsstätte gingen, daß uns eine Magd begegnete, die einen Wahrsagegeist hatte und ihren Herren durch ihr Wahrsagen großen Gewinn verschaffte" (Apg. 16:16).

Zu Beginn eines jeden neuen Jahres suchen viele Nichtgläubige — Politiker, Geschäftsleute, Reiche und Arme — bewußt einen Wahrsager auf. Sie gehen zu diesen Wahrsagern in der Erwartung, daß ihnen Wohlergehen vorausgesagt wird, da sie über die Zukunft beunruhigt sind. Aber wenn ihnen dann eine gute Zukunft mitgeteilt worden ist, machen sie sich rastlose Gedanken darüber, ob diese Information auch stimmt. Christen müssen Obacht geben, nicht in solche Verblendung zu geraten. Segnungen folgen uns ganz natürlich, wenn wir eifrig im Glauben, in Hoffnung und in der Liebe leben — weil wir Gott vertrauen und Jesus folgen. Das ist die Zusage von Gottes Wort.

Der Teufel verursacht auch Blindheit und Stummheit. „Da wurde ein Besessener zu ihm gebracht, der blind und stumm war, und er [Jesus] heilte ihn, so daß der Blinde und Stumme redete und sah“ (Mt. 12:22).

Natürlich sind nicht alle Blinden und alle Stummen vom Teufel besessen. Einige sind ohne Sehnerven geboren oder besitzen unterentwickelte Stimmorgane. Viele Menschen aber werden blind oder taub, wenn sie vom Teufel besessen werden. Ich habe einen Stummen erlebt, dessen Fall so aussichtslos war, daß die Ärzte jede Hoffnung für eine Heilung ausgeschlossen hatten. Aber als ich für ihn im Namen Jesu betete, wurde seine Zunge gelöst, und er konnte wieder sprechen. Ich erlebte ebenso einen Blinden, der keine Hoffnung hatte, seine Sehkraft jemals zu erlangen, wie er seine Augen öffnete und wieder sehen konnte, als ein böser Geist im Namen Jesu von ihm ausgetrieben wurde.

Bezüglich des tauben Geistes sagt die Bibel: „Da nun Jesus das Volk herbeilaufen sah, bedrohte er den unreinen Geist und sprach zu ihm: Du sprachloser und tauber Geist, ich gebiete dir, fahre aus von ihm und fahre nicht mehr in ihn hinein“ (Mk. 9:25).

Natürlich gibt es Menschen, die ohne Trommelfell geboren sind oder deren Trommelfell zerstört worden ist. Aber es gibt auch Menschen, die infolge tauber Geister nicht hören können. Wenn diese Geister im Namen Jesu ausgetrieben werden, kann das Hören auf wunderwirkende Weise und sofort wiederhergestellt werden.

Die Bibel sagt, daß der Teufel alle möglichen Arten von Krankheiten verursacht. „Jesus von Nazareth, wie Gott ihn mit Heiligem Geist und Kraft gesalbt hat, welcher umherzog, indem er wohltat und alle heilte, die vom Teufel überwältigt waren; denn Gott war mit ihm“ (Apg. 10:38). Vom Teufel verursachte Krankheiten können zeitweilig durch eine Operation oder durch Gebrauch von Medikamenten geheilt werden. Eine gründlichere Behandlung ist es jedoch, den Teufel durch ernstes Gebet auszutreiben, weil die Gesundheit dann auf natürlichem Wege wiederhergestellt wird.

Die Persönlichkeit des Teufels

Die Vertreter der liberalen Theologie versuchen, die Gegenwart des Teufels als eine Person nicht zur Kenntnis zu nehmen. Sie beschreiben die Existenz des Bösen als Teil der sozialen Struktur, der schlechten Politik und der ungleichen Verteilung von Reichtum. Dieses Denken stimmt nicht mit der biblischen Lehre überein. Wenn die Behauptung dieser Personen wahr ist, warum nimmt dann die Selbstmordrate jedes Jahr zu, und warum verbreiten sich Unzucht und ausschweifendes Leben in skandinavischen Ländern, die ein gutes soziales Gefüge und ein gutes Wohnumfeld besitzen?

Das Böse breitet sich auf dieser Erde nicht wegen schlechter sozialer Systeme oder ungerechter Verteilung von Gütern aus, sondern weil der Teufel existiert, der die Quelle alles Bösen ist. Wo der Teufel sich befindet, folgt das Böse in mancherlei Gestalt immer auf dem Fuße.

Im Alten Testament fiel Adam durch die Intrigen des Teufels in Sünde. Durch seine Hand fiel Hiob in die Elendsgrube, und David wurde bis zum Äußersten versucht. Im Neuen Testament führte der Teufel Jesus in Versuchung; er drang in das Herz von Judas Ischariot ein und veranlaßte ihn zum Verrat an Jesus. Die Apostel Petrus, Paulus und Jakobus warnten wiederholt vor dem Werk des Teufels. „Seid nüchtern und wachet! Euer Widersacher, der Teufel, geht umher wie ein brüllender Löwe und sucht, wen er verschlingen könne; dem widerstehet, fest im Glauben, da ihr wisset, daß eure Brüder in der Welt die gleichen Leiden erdulden" (1. Pet. 5:8,9). „Denn unser Kampf richtet sich nicht wider Fleisch und Blut, sondern wider die Herrschaften, wider die Gewalten, wider die Weltbeherrscher dieser Finsternis, wider die geistlichen Mächte der Bosheit in den himmlischen Regionen" (Eph. 6:12). „So unterwerfet euch nun Gott. Widerstehet dem Teufel, so flieht er von euch" (Jak. 4:7).

Bis jetzt haben wir das Werk des Teufels und seines dämonischen Heeres betrachtet. Aber das Wissen darüber reicht noch nicht aus. Wir müssen den Angriffen des Teufels und seinem Heer widerstehen, der uns unaufhörlich nach dem Leben trachtet; wir müssen den Teufel vertreiben, wenn er Unfrieden und Unruhe in unserer Familie und unserem Umfeld verursacht.

Wir sind die Sieger

In diesen letzten Tagen unternehmen böse Geister verzweifelte Versuche, den Christen, die Gott ernsthaft suchen, Not zu bereiten. Sie wissen, daß ihre Zeit nur noch von kurzer Dauer ist. Um den Teufel und seine bösen Geister auszutreiben, gibt es keinen anderen Weg als den des Betens und Fastens.

Wenn böse Geister unser Leben durcheinanderbringen oder sich uns mit einem dringenden Problem nähern, müssen wir fasten und beten. Alle eigenen Wünsche stellen wir zurück und gehen in Gottes Gegenwart. Fasten hilft uns, unsere Gedanken auf Gott zu konzentrieren, und schafft einen Kanal, um größte Kraft von Gott zu empfangen. Als die Jünger fragten, warum sie nicht fähig gewesen waren, einen bösen Geist auszutreiben, antwortete Jesus: „Aber diese Art fährt nicht aus, außer durch Gebet und Fasten" (Mt. 17:21).

Wir dürfen jedoch niemals vergessen, daß Satan besiegt ist. Da Jesus die bösen Herrschaften und Gewalten, die versuchen uns zu berauben, zu töten und zu zerstören, öffentlich zur Schau stellte, entwaffnete Er dieselben und triumphierte über sie am Kreuz. „Da er [Jesus] euch alle Übertretungen vergab, dadurch, daß er die gegen uns bestehende Schuldschrift, welche durch Satzungen uns entgegen war, auslöschte und sie aus der Mitte tat, indem er sie ans Kreuz heftete. Als er so die Herrschaften und Gewalten entwaffnete, stellte er sie öffentlich an den Pranger und triumphierte über sie an demselben" (Kol. 2:14,15).

Satan ist jetzt machtlos vor Jesus und Seinem Namen, denn durch Seine Auferstehung unterwarf Jesus den Tod, die Hauptwaffe des Satans. Satan und sein Heer haben nicht länger mehr irgendeine Macht über uns, da wir zu denen gehören, die an Jesus Christus als ihren Erlöser glauben. Uns ist die Autorität des Namens Jesus übergeben, die den Sieg über die Macht des Teufels davonträgt. Lukas 10:18 und 19 sagen: „Da sprach er [Jesus] zu ihnen: Ich sah den Satan wie einen Blitz vom Himmel fallen. Siehe, ich habe euch Vollmacht verliehen, auf Schlangen und Skorpione zu treten, und über alle Gewalt des Feindes; und nichts wird euch beschädigen."

Wie gewaltig ist diese Macht! Diejenigen, die Jesus als Erlöser annehmen und mit Ihm zusammen leben, besitzen die Macht, „auf Schlangen und Skorpione zu treten, und über alle Gewalt des Feindes." In dem Moment, in dem wir an Jesus glauben, werden wir zu Siegern. Die Bibel erklärt auch: „Kindlein, ihr seid aus Gott und habt jene überwunden, weil der in euch größer ist als der in der Welt" (1. Joh. 4:4).

Gott, der allwissend, allmächtig und allgegenwärtig ist, vor dem nichts auf der Welt bestehen kann, dieser Gott ist in unserem Herzen — Er persönlich. Deshalb: Kommen der Teufel und seine bösen Geister aus einer Richtung auf uns zu, dann müssen sie in sieben Richtungen von uns fliehen.

Jesus hat uns, da wir Kinder Gottes geworden sind, zu beten gelehrt, damit wir frei sind von dem Bösen. Das ist das Vorrecht der Kinder Gottes, welches sie in Anspruch nehmen dürfen. Wenn Kinder Gottes noch von dem Teufel bedrückt werden, ist das eine beschämende Angelegenheit, die Gott betrübt. An keinem Tag sollten wir versäumen, dafür zu beten, daß Gott uns von dem Bösen erlöst, denn dann werden unsere Familien, unsere Kinder, unsere Gesellschaften und Nationen triumphieren. Sie sind aus der Hand des Bösen befreit. Weil wir den wahren Charakter des Teufels, unserem Feind, erkannt haben, wollen wir uns unaufhörlich mit dem Wort Gottes und mit Gebet bewaffnen. Der Heilige Geist hat versprochen, uns zu helfen. Unser Geist, unsere Seele und unser Umfeld können in guter Ordnung und gesund bleiben — durch die täglichen Segnungen Gottes.

7

Jesus kommt wieder

Solange wir unsere Gedanken nach dem Wort Gottes ausrichten, können wir beten, wie Jesus uns lehrte. Weil Jesus in uns lebt, können wir beten, daß der Name des Vaters und der Wille Seines Reiches verherrlicht werden und Sein Wille unter uns geschehe. Wir können unseren guten Gott bitten, uns unser tägliches Brot zu geben, uns unsere Sünden zu vergeben und von dem Bösen zu erlösen. Aber endet unser Gebet zu Gott dem Vater an dieser Stelle? Nein. Am Schluß Seines Gebetes belehrte uns Jesus, wie wir über die zukünftige Welt zu denken haben. Wir wollen diese Punkte betrachten.

Das Reich, die Kraft und die Herrlichkeit

„Denn dein ist das Reich und die Kraft und die Herrlichkeit, in Ewigkeit."

Die Bedeutung dieses Verses in Matthäus 6:13 besteht darin, daß das Reich, die Kraft und die Herrlichkeit dieser Welt, in Vergangenheit, Gegenwart und Zukunft, Gott gehören. Der höchste Herrscher aller

Dinge ist Gott der Vater. König David, der tapferste und größte der Könige von Juda, pries Gott auf diese Weise, als er den Thron an seinen Sohn Salomo übergab und ihm die Aufgabe anvertraute, Gott einen Tempel zu bauen:

„Dein, o Herr, ist die Majestät, die Gewalt, die Herrlichkeit, der Glanz und der Ruhm! Denn alles, was im Himmel und auf Erden ist, das ist dein. Dein, Herr, ist das Reich, und du bist als Haupt über alles erhaben. Reichtum und Ehre sind vor deinem Angesichte. Du herrschest über alles; in deiner Hand stehen Kraft und Macht; in deiner Hand steht es, jedermann groß und stark zu machen" (1. Chron. 29:11,12).

Gott hält heute alle Autorität in Seiner Hand und wird sie bis zum letzten Tag festhalten, um Sein Reich zu bauen — den neuen Himmel und die neue Erde. Daher, wenn wir beten: „Denn dein ist das Reich und die Kraft und die Herrlichkeit, in Ewigkeit", müssen wir uns den neuen Himmel und die neue Erde ausmalen, die durch die souveräne Kraft Gottes geschaffen werden. Für uns, die wir in einer Zeit leben, in der das Kommen des Herrn nahe ist, ist es besonders wichtig, genau zu wissen, was in den letzten Tagen geschehen wird. Wir können dann in Übereinstimmung mit dem Willen Gottes beten.

Als Jesus den Tempel in Jerusalem betrachtete, fragten Ihn Seine Jünger: „Und welches wird das Zeichen deiner Wiederkunft und des Endes der Weltzeit sein?" (Mt. 24:3). Jesus erwiderte: „Sehet zu, daß euch niemand verführe. Denn es werden viele unter meinem Namen kommen und sagen: Ich bin Christus, und werden viele irreführen. Ihr werdet aber von Kriegen und Kriegsgerüchten hören" (Mt. 24:4-6). Er erklärte weiter, daß weltweite Unruhe entstehen und Verfolgung über die kommen wird, die an Ihn glauben. Es werden Hungersnöte und Erdbeben geschehen. Das Evangelium wird in der ganzen Welt verkündet werden als ein Zeugnis für alle Nationen. Dann wird das Ende kommen.

Zweitausend Jahre sind seit der Fragestellung der Jünger auf dem Ölberg vergangen. Die Geschichte und unsere Erfahrungen weisen darauf hin, daß alle vorhergesagten Zeichen der Endzeit in Erscheinung treten. Es haben sich viel mehr falsche Propheten erhoben als zu jeder anderen Zeit in der Geschichte. Sie haben die Gemeinde, den Leib Christi, verfolgt und verführt. Kriege, Verfolgungen und Erdbeben sind ausgebrochen, und das Evangelium von Jesus Christus ist und wird allen Nationen in der Welt gepredigt. Das Ende, auf das sich unser Herr in Seiner Prophetie bezog, ist zweitausend Jahre näher als zu der Zeit, da die Jünger lebten. Und zusätzlich können wir Jesus die gleiche Frage stellen: „Herr, welches wird das Zeichen deiner Wiederkunft und des Endes der Weltzeit sein?"

Gottes Wort erklärt auch heute noch, was in den letzten Tagen geschehen wird, und beschreibt Gottes Plan über das Ende der Welt.

Alttestamentliche Prophezeiungen über die Endzeit

Das Buch Daniel im Alten Testament, das weit vor zweitausend Jahren geschrieben wurde, berichtet sehr sorgfältig die Ereignisse unseres gegenwärtigen Zeitalters — als ob ein Historiker vergangene Ereignisse berichtet hätte. Durch das Standbild, das König Nebukadnezar in Daniel 2:36-45 sah, offenbart uns der Heilige Geist die gesamte Geschichte Europas — bis zum Ende der Welt.

Ungefähr sechshundert Jahre vor Christus hatte König Nebukadnezar, der das gewaltige Babylonische Reich regierte, einen furchterregenden, schrecklichen Alptraum. Als er aber am Morgen erwachte, konnte er sich an nichts mehr aus dem Traum erinnern. Der König versammelte alle seine Magier, Astrologen und Zauberer und befahl ihnen — unter Androhung der Todesstrafe —, den Traum mitzuteilen und ihm die Auslegung davon zu geben. Daniel und drei junge Männer namens Sadrach, Mesach und Abednego, die als Juden in Israel gefangengenommen worden waren, standen ebenfalls unter dieser Todesdrohung. Gott der Vater erhörte die Gebete Daniels und seiner Freunde, zeigte Daniel den Traum Nebukadnezars und schenkte Daniel die Weisheit, ihn auszulegen. Dieser Traum war eine Synopsis (Zusammenschau) der Weltgeschichte, von der Zeit Babylons bis zum Ende der Welt. Daniel trat in die Gegenwart des Königs und sprach:

„Du, o König, schautest, und siehe, ein erhabenes Standbild . . . Das Haupt dieses Bildes war von gediegenem Gold, seine Brust und seine Arme von Silber, sein Bauch und seine Lenden von Erz, seine Schenkel von Eisen, seine Füße teils von Eisen und teils von Ton. Du sahest zu, bis ein Stein losgerissen ward ohne Handanlegung und das Bild an seinen Füßen traf ... und sie zermalmte. Da wurden miteinander zermalmt Eisen, Ton, Erz, Silber und Gold und wurden wie Spreu auf den Sommertennen ... Der Stein aber, der das Bild zertrümmert hatte, ward zu einem großen Berge und erfüllte die ganze Erde" (Dan. 2:31-35).

Jawohl, der König erkannte, daß das der Traum war, den er geträumt hatte, und akzeptierte danach die von Daniel gegebene Auslegung: Nebukadnezar war das goldene Haupt dieses Standbildes. Und Daniel erklärte ihm: „Nach dir wird ein anderes Reich, geringer als das deine, aufkommen", aus Silber gemacht und zweigeteilt. Aber dieses Reich wurde vernichtet, und ein Reich aus Erz, stärker als Silber, nahm seinen Platz ein, welches seinerseits an ein Reich von Eisen, stärker als das Reich aus Erz, fiel und zweigeteilt wurde. Zuletzt wurde die Erde von einem Reich mit „zehn Zehen" regiert.

Daniels Auslegung ist durch die Geschichte bestätigt. Wie Daniel gesagt hatte, fiel Babylon schon bald an die Meder und Perser, und diese beiden Reiche regierten Babylon abwechselnd. Die Meder und Perser waren die beiden silbernen Arme des Standbildes. Unter der Brust von Silber befand sich der Bauch aus Erz, die hellenistische Periode von Alexander dem Großen aus Mazedonien, der das Reich der Meder und Perser eroberte. Das Reich aus Erz reichte nicht nur bis zum

Bauch, sondern bis zu den Lenden, welche Rom darstellten, das sich im dritten Jahrhundert vor Christus erhob. Rom eroberte Griechenland und übernahm die Kontrolle über die gesamte westliche Welt, wurde aber schon bald zweigeteilt in ein Ostreich und ein Westreich. Das weströmische Reich fiel im Jahre 476 n. Chr., das oströmische im Jahre 1453.

Jetzt verbleibt nur noch eine Periode — die Periode der „zehn Zehen", wenn die zehn Nationen von Europa in Nähe der Region des einstigen Babylons wiedervereinigt werden. Von diesem Augenblick an beginnt das Ende der Welt. Daniels Auslegung bezieht sich auf einen Stein — Jesus Christus, der am Ende der Welt wiederkommen wird. Jesaja bezieht sich ebenfalls auf diesen Stein: „Siehe, ich lege in Zion einen Stein, einen bewährten Stein, einen köstlichen Eckstein, der wohlgegründet ist; wer glaubt, der flieht nicht" (Jes. 28:16).

Wenn Jesus Christus zur Erde zurückkehrt, zerschmettert und richtet Er die „Zehen" der Füße, und die Menschheitsgeschichte kommt zu ihrem Ende. Genau wie der Stein die gesamte Erde erfüllt, so wird das Reich von Jesus Christus, das ewige Reich Gottes, die gesamte Erde bedecken. Gott offenbarte diese Synopsis der Menschheitsgeschichte ein zweites Mal, in der Absicht, die Gültigkeit dieser Offenbarung zu verstärken.

Die zweite Offenbarung wird in Daniel 7:1-14 berichtet. Sie geschah im ersten Jahr der Regierungszeit von König Belsazar, einem Enkel des Königs Nebukadnezars. Dieses Mal sprach Gott über zukünftige

Ereignisse durch Bilder von Tieren. In einem Traum sah Daniel vier große Tiere aus dem Meer steigen. Das erste Tier war ein Löwe mit den Flügeln eines Adlers und stellte Nebukadnezar dar. Die Adlerflügel bedeuteten, daß er die Welt schnell erobern und beherrschen würde.

Das zweite Tier war wie ein Bär, an einer Seite aufgerichtet und drei Rippen fressend. Der an einer Seite aufgerichtete Körper bedeutet, daß Persien die Herrschaft über die Meder ergriff, obwohl es sich um das vereinigte Reich der Meder und Perser handelte. Die drei Rippen im Maul des Bären bezeichneten die drei friedlich gesinnten Reiche, die durch die Meder und Perser erobert wurden: Babylonien, Lybien und Ägypten.

Das dritte Tier war ein Leopard mit vier Flügeln und vier Köpfen. Niemand würde mit solch einem schnellen Tier konkurrieren können: Alexander der Große und seine vier Generäle. Mit dreißig Jahren eroberte er das Reich der Meder und Perser. Er marschierte durch das heutige Syrien, Ägypten und den Iran und brachte sie alle in seine Gewalt. Als er jedoch an Fieber starb, wurde das Reich durch seine Generäle in vier Teile aufgegliedert. Die vier Reiche kämpften heftig miteinander, stritten und bekriegten sich, bis sie schließlich von Rom erobert wurden.

Das vierte Tier, das Daniel sah, war furchterregend, schrecklich und mit eisernen Zähnen ausgestattet. Es verschlang und zertrat alles, was es vorfinden und erreichen konnte. Das war das Bild von Rom, das das gewaltige Gebiet von Europa bis zur Grenze nach

Indien eroberte — das größte Reich in der Geschichte der Menschheit. Als Daniel die zehn Hörner dieses Tieres beobachtete, kam ein kleines Horn zwischen den zehn Hörnern hervor und riß drei Hörner mitsamt ihren Wurzeln aus. In diesem kleinen Horn waren Augen wie Menschenaugen und ein Maul, das große Dinge sprach. Als sie erschienen, begann das Gericht.

Auch Daniels Vision zeigt, daß zehn Nationen auf dem ehemaligen römischen Territorium vereinigt werden. Die Zehen der Füße des Standbildes in Nebukadnezars Traum und die zehn Hörner dieses Tieres zeigen an, daß zehn europäische Länder zuletzt vereinigt werden. Das kleine Horn, das zwischen den zehn Hörnern hervorbrach, symbolisiert den Antichristen, der inmitten der zehn Länder hervorkommen wird und drei von ihnen zu einem vereinigt. Er wird die verbleibenden sieben Länder in seine Hand bekommen und die gesamte Welt lenken, während er sich mit Worten Gott dem Herrn widersetzt. Am Ende wird Gott ihn richten. In seiner Vision sah Daniel deutlich das Bild von Gott als dem Richter:

„Solches sah ich, bis Throne aufgestellt wurden und ein Hochbetagter sich setzte. Sein Kleid war schneeweiß und das Haar seines Hauptes wie reine Wolle; sein Thron waren Feuerflammen und seine Räder ein brennendes Feuer. Ein Feuerstrom ergoß sich und ging von ihm aus. Tausendmal Tausende dienten ihm emsiglich, und zehntausendmal Zehntausende standen vor ihm; das Gericht setzte sich, und die Bücher wurden aufgetan. Ich sah fortwährend hin wegen des Lärms der hochfahrenden Reden, die das Horn führte; ich sah zu, bis das Tier getötet und sein Leib umgebracht und einem brennenden Feuer überliefert wurde. Auch der anderen Tiere Gewalt verging; und ihre Lebensdauer ward ihnen auf Zeit und Stunde bestimmt. Ich sah in den Nachtvisionen und siehe, es kam einer mit den Wolken des Himmels, gleich einem Menschensohn; der gelangte bis zu dem Hochbetagten und wurde vor ihn gebracht. Und ihm wurde Gewalt, Ehre und königliche Würde verliehen, daß ihm alle Völker, Stämme und Zungen dienen sollten; seine Herrschaft ist eine ewige Herrschaft, die nicht vergeht, und sein Königreich wird nie untergehen" (Dan. 7:9-14).

Hier wird das Tausendjährige Reich von Jesus Christus dargestellt. Gott wird den Antichristen nehmen und ihn in den Feuer- und Schwefelsee werfen. Wer dem Antichristen folgt, wird ebenso in den Feuersee geworfen werden. Jesus wird auf diese Erde kommen und in Ewigkeit mit den Heiligen regieren. In der Vergangenheit konnten die Menschen nicht wissen, wann diese Ereignisse geschehen könnten. Sie lasen diese Schriftstellen nur mit vagem Verständnis. Aber wir, die wir in der Jetztzeit leben, bezeugen die Zeichen unserer Generation, und sind sicher, daß der Tag der Wiederkunft des Herrn nahe ist.

Die Erfüllung der Prophetie

Leben wir tatsächlich in der Endzeit? Ist das ehemalige, frühere Gebiet oder Territorium des Römischen Reiches wiederhergestellt? Wird das Zeitalter der zehn

Zehen oder der zehn Hörner bald ins Dasein kommen? Ist das Erscheinen des Antichristen und das Ende der Welt nahe vor der Tür?

Die Bibel erklärte, daß das am deutlichsten sichtbare Zeichen für das Ende der Welt die Unabhängigkeit Israels sein würde. Im Jahre 70 n. Chr. wurde Israel von Rom überrannt und verwüstet als Lohn für die Kreuzigung von Jesus. Die Juden wurden über die ganze Welt zerstreut und lebten als Fremde und Umherziehende für zweitausend Jahre. Geschichtlich waren die Israeliten ein wanderndes, heimatloses Volk, aber am 14. Mai 1948 errichteten sie einen unabhängigen Nationalstaat, mit David Ben-Gurion an der Spitze.

Jesus sagte: „Am Feigenbaum aber lernet das Gleichnis: Wenn sein Zweig schon saftig wird und Blätter gewinnt, so merket ihr, daß der Sommer nahe ist. Also auch ihr, wenn ihr dies alles sehet, so merket, daß er nahe vor der Türe ist" (Mt. 24:32,33). Der sprossende Feigenbaum symbolisiert die Wiederherstellung Israels. Jesus selber sagte, daß jeder wissen sollte, daß der Sohn Gottes vor der Tür steht, wenn Israel wieder zu einer Nation wird. Über vierzig Jahre sind jetzt seit der Unabhängigkeit Israels vergangen. In dieser Zeit haben die arabischen Staaten mehrere vergebliche Versuche gestartet, Israel zu vernichten. Nur Ägypten, einer der führenden arabischen Staaten, hat einen Freundschaftsvertrag mit Israel geschlossen, der die Gültigkeit der Unabhängigkeit unterstreicht.

Wenn Gott eine Tür öffnet, kann sie niemand schließen, und wenn Er eine Tür schließt, kann niemand sie öffnen. Es wird niemals eine Nation geben, die Israel vernichten kann — ein Volk, das seine Unabhängigkeit von Gott erhielt. Israel wird niemals zugrunde gehen, weil Gott prophezeite, daß Er es am Ende reinigen würde, während Israel ein siebenjähriges Abkommen mit dem Antichristen abgeschlossen hat. Heute verliert jeder, der mit Israel kämpft. Die Sowjetunion alliierte sich mit der harten Linie der Araber, die versuchten Israel zu vernichten. Doch als Ergebnis ihrer Bemühungen könnte die Sowjetunion, falls sie so weitermacht, von dieser Erde verschwinden.

Nachdem Gott für Israel eine Heimat geschaffen hatte, begann Er, die zehn Hörner zu sammeln. Seit dem Zweiten Weltkrieg fühlte sich Europa immer von der Sowjetunion im Osten unter Druck gesetzt und von den Vereinigten Staaten im Westen. Auf seine Wirtschaft, sein Militär und seine Politik gestützt, formte Europa eine vereinigte Organisation; das ehemalige Gebiet des Römischen Reiches ist wieder zusammengebracht worden.

Europa erlangte wirtschaftliche Einheit durch die Gründung der Europäischen Wirtschaftsgemeinschaft (EWG, heute: EG) in Brüssel/Belgien im Jahre 1958; militärische Einheit förderte Europa durch den Aufbau des Nordatlantikpaktes (NATO); und der Prozeß zur politischen Einheit läuft jetzt. Gegenwärtig sind zwölf Länder vereinigt, und das Gebiet des Römischen Reiches wird bald wieder an den Tag kommen.

Die Prophezeiungen Daniels von vor 2600 Jahren sind heute Schlagzeilen in den Zeitungen. Die

„Choong Ang Tageszeitung“ in Seoul/Korea brachte am 23. Dezember 1986 einen Artikel mit der Überschrift heraus: „Der Gründungstag der Vereinigten Staaten von Europa steht bevor.“ Er berichtet, daß nahezu alle Parlamente der zwölf EG-Staaten den Haager Vertrag ratifizierten, der offiziell als Vertrag des Vereinigten Europas bezeichnet wird. Die letzten Nachrichten besagten, daß der Vertrag die nächstfolgende Handlung der EG-Staaten im Jahr 1992 erforderlich macht: Die Menschen der Mitgliedsstaaten und ihre Waren können sich frei bewegen, ohne Hindernisse oder Einschränkungen; die Menschen der Mitgliedsstaaten werden den gleichen Paß unter dem Namen der EG benutzen; Grenzbeschränkungen für Arbeitsbeschäftigungen werden abgeschafft, und der Arbeitsmarkt wird liberalisiert; der Einzel-EG-Präsident wird in Zukunft durch das Europäische Parlament gewählt werden; die ECU (European Currency Unit, Europäische Geldwährung), die jetzt als Zahlungsmittel für Geldüberweisungen benutzt wird, übernimmt die Rolle des täglichen Zahlungsmittels innerhalb der EG.

Die EG hatte für 1987 festgelegt, den zwischenstaatlichen Auslandsgeldwechsel neu zu regeln, so daß Europa als einheitliche, große Wirtschaftsmacht mehr gestärkt wird, als das viele kleine Länder vermögen.

Es ist deutlich, daß Jesus jetzt an die letzte Tür der Geschichte klopft. Unsere Aussage über die Wiederkunft des Herrn als nahe vor der Tür, ist nicht die träumerische Bemerkung eines Mystikers. Die Prophezeiungen der Bibel erfüllen sich vor unseren Augen. Das Zeitalter, in dem wir leben, ist die Periode der zehn Zehen oder Hörner.

Wie nahe sind wir dem Ende? Die Bibel sagt meines Erachtens, daß das Ende der Welt inmitten der sieben Jahre von dem Zeitpunkt an kommen wird, da das Vereinte Europa einen Sieben-Jahres-Vertrag mit dem unabhängigen Israel schließen wird. Eine bemerkenswerte Entwicklung hat stattgefunden, um Europa in einer Union zu verbinden. Wenn die Union von Europa geboren ist, wird der Führer der Europäischen Union einen Sieben-Jahres-Vertrag mit Israel abschließen. Diese Tatsache wird in Daniel 9:27 berichtet: „Und man wird vielen den Bund schwer machen eine Woche lang und mitten in der Woche Schlacht- und Speisopfer aufhören lassen, und auf der Zinne werden Greuel des Verwüsters aufgestellt, bis daß sich die bestimmte Vertilgung über die Verwüstung ergossen hat."

Diese Prophezeiung kann meiner Meinung nach nur bedeuten, daß der Führer der Europäischen Union einen Sieben-Jahres-Vertrag mit Israel abschließen wird und dann Israel beisteht, den arabischen Tempel (der jetzt auf dem Berg Zion steht) zu beseitigen und den Tempel des Herrn zu bauen. Während der ersten dreieinhalb Jahre des Vertrages wird der Antichrist so eng mit Israel zusammenwirken, als ob sie sich in den Flitterwochen befänden. Die Israeliten werden den Antichristen als ihren Messias annehmen, der es ihnen ermöglicht, den Tempel aufzubauen (siehe Daniels Sieben-Jahr-Wochen).

Es wird aber nach den ersten dreieinhalb Jahren im Luftbereich ein Krieg ausbrechen. Er wird zwischen Michael, dem Erzengel Gottes, und dem Drachen, Satan, stattfinden. Da der Drache keinen Ort zum

Verbleib im Luftbereich findet, wird er mit seinem Heer auf die Erde geworfen. Der Drache wird in den Körper des Antichristen fahren, und sein Bild wird sich vollständig wandeln; er wird einen Feldzug zur Ausrottung Israels starten; er wird ein Götzenbild im Tempel von Jerusalem aufstellen und die Israeliten dahin bringen, ihn anzubeten.

Die Israeliten aber, die den Gesetzen Mose gehorchen, werden nicht vor dem Götzen niederknien, und deshalb wird ein skrupelloses Morden folgen — die größte Verfolgung, die Israel jemals erlebt hat. In diesem Zeitabschnitt werden die nichterwählten Israeliten sterben. Für die erwählten Israeliten wird Gott einen Zufluchtsort vorbereiten, und sie werden eine Zeitlang sicher sein.

Während der letzten Dreieinhalb-Jahres-Periode werden Kriege und Gerüchte von Kriegen in der Welt erfolgen. Nach meiner Erkenntnis wird die Unterdrückung durch den Antichristen unerträglich werden und das kommunistische China zu diesem Zeitpunkt gegen seine Regierung rebellieren. Die Vereinigten Staaten werden eine freundschaftliche Beziehung zu China aufgebaut und ihnen zur Modernisierung ihrer Armee verholfen haben. Diese Armee wird sich im Osten erheben, den Fluß Euphrat überqueren und in Europa eindringen. China, das über eine Zweihundert-Millionen-Reservearmee verfügt, wird mit dem Antichristen kämpfen, und in Harmagedon, oder Palästina, wird das größte Blutvergießen der Menschheitsgeschichte stattfinden. Das Ausmaß dieses Schlachtens kann an dem biblischen Bild gemessen werden: Das

Blut auf dem Schlachtfeld wird bis zum Zaumzeug der Pferde reichen.

Zu dieser Zeit wird der Herr auf die Erde kommen. Er reitet auf einem weißen Pferd und führt die Heiligen mit sich, die in den Himmel entrückt wurden. Er wird Seine Feinde mit dem Schwert Seines Mundes vernichten und den Antichristen in den Feuersee werfen, der mit Schwefel brennt. Der Herr wird die Welt erobern, und dann wird das Tausendjährige Reich beginnen.

Wie ich es sehe, wird die Gemeinde von Christus in die Luft entrückt werden, wenn der Antichrist den Sieben-Jahres-Vertrag mit Israel abschließt (siehe Daniels Sieben-Jahr-Wochen). Sie wird von der Großen Trübsal verschont bleiben. Weil Jesus schon am Kreuz für das Gericht über die Sünde gelitten hat, wird die Gemeinde nicht das Gericht erdulden. Wenn der Antichrist einen Vertrag mit Israel schließt, wird diese Nachricht sich auf der ganzen Welt verbreiten, und wenn die Massenmedien diese Nachricht bekanntgeben, werden die Kinder Gottes plötzlich in den Himmel entrückt werden. Zwei arbeiten auf dem Felde, der eine wird entrückt, der andere wird zurückgelassen. Zwei mahlen Korn in einer Mühle, der eine wird entrückt, der andere wird zurückgelassen.

Die Zeit wird sicher kommen, wenn „der Herr selbst beim Befehlsruf, bei der Stimme eines Erzengels und beim Schall der Posaune Gottes herniederkommen wird vom Himmel, und die Toten in Christus zuerst auferstehen werden“ und „wir, die Lebenden, die übrigbleiben, zugleich mit ihnen entrückt werden in Wolken dem Herrn entgegen in die Luft; und so werden wir allezeit beim Herrn sein“ (1. Thes. 4:16-17, Revidierte Elberfelder). Da wir glauben, daß der Tag nahe herbeigekommen ist, sollten wir wie die klugen Jungfrauen sein, die wachten und beteten als sie auf das Kommen des Bräutigams warteten.

Die Gemeinde in der Endzeit

Wie wird der Stand der Gemeinde gegen Ende der Welt sein? Wenn das Ende näherkommt, werden viele ihren Glauben aufgeben und in die Welt gehen. „Der Geist aber sagt deutlich, daß in späteren Zeiten etliche vom Glauben abfallen und verführerischen Geistern und Lehren der Dämonen anhangen werden“ (1. Tim. 4:1).

Heute hängen viele Menschen verführerischen Geistern an und den Lehren von Dämonen; sie verleugnen die Jungfrauengeburt von Jesus und die Realitäten von Himmel und Hölle; sie behaupten, der beste Weg, um wahres Christentum zu praktizieren, sei, eine wohlgenährte und wohlgekleidete Gesellschaft zu schaffen. Andere ernennen sich selbst zum Messias, hängen den Stimmen von Dämonen an und sind durch verführerische Geister besessen.

Auch in solchem Durcheinander muß die Kirche, der Leib Christi, mit dem Heiligen Geist erfüllt sein und fest im Glauben an Jesus Christus stehen — dem Weg, der Wahrheit und dem Leben. Die Bibel sagt voraus, daß Gott die Bewegung des Heiligen Geistes beginnt, um Seine Braut in der Endzeit zuzubereiten und zu schmücken. Jakobus sagt: „So geduldet euch nun, ihr Brüder, bis zur Wiederkunft des Herrn. Siehe, der Landmann wartet auf die köstliche Frucht der Erde und geduldet sich ihretwegen, bis sie den Früh- und Spätregen empfangen hat. Geduldet auch ihr euch, stärket eure Herzen, denn die Wiederkunft des Herrn ist nahe“ (Jak. 5:7-8).

Der Heilige Geist, der Frühregen, wurde im Obergemach an Pfingsten ausgegossen. Der Spätregen, die Fülle des Heiligen Geistes, ist uns heute gegeben. Die Ausgießung dieses Spätregens begann um das Jahr 1900, und heute, nach mehr als achtzig Jahren, hat sich das Werk des Heiligen Geistes rasch ausgebreitet — nicht nur in Denominationen, die den Heiligen Geist offen begrüßten, sondern auch in solchen, die Ihm die kalte Schulter zeigten. Mit dieser Ausgießung des Heiligen Geistes schmückt unser Herr Seine Geliebten und nimmt sie in den Himmel auf.

„Und dieses sollen wir tun als solche, die die Zeit verstehen, daß nämlich die Stunde schon da ist, wo wir vom Schlafe aufwachen sollten; denn jetzt ist unser Heil näher, als da wir gläubig wurden; die Nacht ist vorgerückt, der Tag aber nahe. So lasset uns nun ablegen die Werke der Finsternis und anziehen die Waffen des Lichts; laßt uns anständig wandeln als am Tage, nicht in Schmausereien und Schlemmereien, nicht in Unzucht und Ausschweifungen, nicht in Hader und Neid; sondern ziehet den Herrn Jesus Christus an und pfleget das Fleisch nicht bis zur Erregung von Begierden“ (Röm. 13:11-14).

Wir leben in Zeiten, in denen wir wachen, beten und warten sollten. Wir gehen täglich dem Augenblick des Schreis unserer Herzen, „Dein Reich komme", näher entgegen, und dieser Schrei wird sich erfüllen. Wenn Sie beten: „Denn dein ist das Reich und die Kraft und die Herrlichkeit, in Ewigkeit", dann stellen Sie sich die Wiederkunft Jesu vor, der schon jetzt vor der Tür steht. Erinnern Sie sich an die Gnade des Heiligen Geistes und den Thron des Gerichts. Seien Sie dankbar für Gottes Gnade, die Sie bis in die letzten Tage der Geschichte gebracht hat. Fragen Sie, was Gott möchte, das Sie in diesem Zeitalter tun sollen. Denken Sie an den neuen Himmel und an die neue Erde, zusammen mit der goldenen Pracht des neuen Jerusalems. Tragen Sie Sorge für jene Geschwister, Verwandte und Nachbarn, die in die Qualen der Großen Trübsal gelangen und wegen ihres Unglaubens in das ewige Höllenfeuer geworfen werden könnten. Warum? Weil das die Gedanken Gottes sind.

Amen

In den Seiten dieses Buches haben wir die tiefe Bedeutung über das Gebet des Herrn genau geprüft. Es ist das beste und kürzeste Gebet, das wir Gott entgegenbringen können. Wenn wir den Willen und die Gedanken Gottes annehmen, die in jeder Aussage enthalten sind, wenn wir sie also mit einem „Amen" beantworten, dann wird der Segen, den Jesus in diesem Gebet verheißen hat, auf uns kommen. Lassen Sie uns zum letzten Mal auf die Hauptaussagen von dem Gebet des Herrn zurückblicken. Wenn wir das tun, halten Sie bei jeder Aussage an und bejahen Sie diese mit einem herzlichen „Amen."

„Unser Vater im Himmel. Geheiligt werde dein Name": Gott, Du bist unter uns, und Du bist unser Vater geworden durch das Blut von Jesus Christus; wir genießen Freiheit und Sieg, wenn wir Dich „Unseren Vater" nennen. Deshalb, o Herr unser Gott, möge Dein Name verherrlicht werden durch unser Denken, unsere Worte und unser Benehmen. Amen — wir beten, daß es so geschieht.

„Dein Reich komme. Dein Wille geschehe, wie im Himmel, also auch auf Erden": Wir beten, daß Dein Reich und Dein Wille zu unseren Familien, unserer Gesellschaft und Nation gelangt. Dein Reich — welches Jesus brachte und pflanzte, mit dem Jesus unsere Herzen durch den Heiligen Geist erfüllte — ist das Reich, in dem die souveräne Macht Gottes unser Leben ausrichtet und regiert, und unser Leben Frucht hervorbringt. Dieses Reich verlassen die Teufel mit lautem Geschrei, wir sind in ihm erfolgreich und empfangen Heilung, wie es auch unserer Seele wohlgeht. Amen — so möge es in Erfüllung gehen.

„Unser tägliches Brot gib uns heute": O Gott unser Vater, der Du die materielle Welt geschaffen hast, der Du Deine Kinder im Alten Testament versorgt hast, der Du Deine Kinder wunderwirkend im Neuen Testament ernährt hast, gib uns heute unser tägliches Brot, um all unseren Bedürfnissen zu begegnen. Amen — so soll es geschehen.

„Und vergib uns unsere Schuld, wie auch wir vergeben unseren Schuldigern": O Gott, Du hast Deinen Sohn gesandt, um uns vor der Strafe des Todes zu retten. Wir sind sehr bewegt von Deiner großen Liebe. Wir vergeben denen, die an uns schuldig geworden sind. Vergib uns unsere Sünden und hilf uns, das Kreuz der Vergebung mit freudigem Herzen zu tragen. Amen — so sei es.

„Führe uns nicht in Versuchung": O Gott unser Vater, hilf uns, immer Dein Wort aufzunehmen und im Glauben zu leben, indem wir Dir gehorsam sind. Gewähre uns Deine Gnade, um treue Diener zu werden, die in Dankbarkeit ausharren. Amen —hilf uns, daß es so geschieht.

„Sondern erlöse uns von dem Bösen": O Gott unser Vater, dieser Luzifer, der hinabgeworfen wurde in den Luftbereich wegen seiner Rebellion und seines Versuchs, sich Deinen Thron widerrechtlich anzueignen, ist unaufhörlich dabei, uns in das Tal des Todes zu ziehen, durch die Aussendung böser Geister und Dämonen. Aber weil wir befähigt wurden, die bösen Geister des Satans gefangenzunehmen und zu binden, sind wir wahre Sieger. Amen — wir sind Gewinner.

„Dein ist das Reich und die Kraft und die Herrlichkeit, in Ewigkeit“: Laß den neuen Himmel und die neue Erde, zu der Jesus uns führt, wenn Er zurückkommt und die Festung des Satans mit eisernem Stab zerbricht, schnell kommen, Vater. Amen, ja Amen.

Anhang

Erhörliches Gebet

Ein Gebet sollte immer beantwortet werden. Aber wenn wir eine Antwort weder erwarten noch empfangen, wird unser Gebet ein nutzloser Monolog, der sich in Luft auflöst. Wir wollen die Art von Gebet analysieren, die eine Antwort erhält. Wie kommt das zustande?

Was ist Gebet?

Gebet ist ein täglicher Dialog zwischen Gott dem Vater und Seinen Kindern. In menschlichen Beziehungen wirkt der Dialog wie die Atmung — wenn sie gestoppt wird, stirbt man. In gleicher Weise stirbt unsere Beziehung zu Gott, wenn der Gebetsdialog zwischen Ihm und uns getrennt wird. Gebet ist für unser ganzes Leben lebensnotwendig. Gott möchte mit uns reden. Obwohl Er weiß, was wir benötigen, bevor wir Ihn bitten, will Er unser Anliegen hören — wie auch unseren Dank und unser Lob. David versuchte, so deutlich wie möglich zu sagen, daß Gott im Lobgesang Seines Volkes wohnt. Ich selbst kann gar nicht beschreiben, welche Freude eine solche Beziehung zu Gott bedeutet —

mit Ihm zu reden und dann eine Antwort zu empfangen; direkt greifbar oder zunächst im geistlichen Bereich.

Im ersten Thessalonicherbrief 5:17 sagte Paulus: „Betet ohne Unterlaß." Obwohl Atmung unbewußt und konstant geschieht, kostet uns Gebet ohne Unterlaß Mühe. Wie aber können wir unsere geistliche Atmung rund um die Uhr aufrechterhalten?

Um zu beten, müssen wir nicht unsere Lippen bewegen. Unsere Gedanken sind Gebet. Wenn wir rechte Gedanken vor Gott haben, werden sie als „ein süßer Wohlgeruch" Gott entgegengebracht. Gott liest unsere Gedanken und beantwortet sie. Gott erforscht unsere Herzen, und „der die Herzen erforscht, weiß, was des Geistes Sinn ist; denn er vertritt die Heiligen so, wie es Gott angemessen ist" (Röm. 8:27).

Wenn wir Worte des Gebets gewohnheitsmäßig wiederholen, ohne daß unsere Herzen dabei sind, antwortet Gott nicht. Wenn der Wohlgeruch unserer rechten Gedanken ununterbrochen zu Gott aufsteigt, dann werden diese rechten Gedanken zu einem Gebet ohne Unterlaß zu Gott.

Was sind die rechten Gedanken? Lassen Sie mich zuerst sagen, was sie nicht sind. Sie sind kein moralisches oder ethisches Denken oder die Freiheit von allen weltlichen Gedanken. Auch sind sie nicht der unbewegliche Zustand unserer Herzen, bei dem unser Denken die Klarheit und Kälte eines Spiegels besitzt. Statt dessen bedeutet es die Übereinstimmung unserer Gedanken mit Gottes Gedanken, wie es in der Schrift gefunden wird.

Die Gebetsarten

Wenn unsere Gedanken vor Gott offenbar werden, können sie eine der folgenden Formen angenommen haben.

Stilles (meditatives) Gebet wird durch Gedanken dargebracht — mit offenen oder geschlossenen Augen, im Sitzen oder Stehen, beim Arbeiten oder Ruhen. Mit stillem Gebet erfolgreich zu beten, ist häufig schwerer als vermutet, es sei denn, wir sind gut darin geübt. Gebet beinhaltet, daß wir unsere Gedanken auf Gott konzentrieren. Aber ohne Übung werden unsere Gedanken leicht abgelenkt.

Gesprochenes Gebet bringt die Gedanken unseres Herzens durch unsere Stimme zum Ausdruck. Es hat verschiedene Vorteile. Wenn wir sprechen und unsere eigene Stimme vernehmen, wird unsere Konzentration gestärkt, und ablenkende Gedanken nehmen ab. Ist unser Glaube noch schwach und nicht sehr geübt, ist es am besten, unsere Gebete in Worte zu fassen. Dann können unsere Gebete den Thron Gottes im Himmel erreichen und Gottes Antwort auslösen.

Unsere gesprochenen Gebete können auch gesungene Lobpreismelodien sein. Wir preisen Gott mit aufrichtigem, ehrlichem Herzen, und dieses Lob verwandelt sich in Gebet. Wenn wir nicht genau wissen, wie wir zu beten haben, können wir *Loblieder singen*, die Danksagung enthalten und Gott verherrlichen. Als Paulus und Silas im Gefängnis Loblieder sangen, wurden sie in Beantwortung ihrer Gebete durch ein Wunder Gottes befreit. Sie waren mehrfach geschlagen und wegen ihres Zeugnisses in Ketten gelegt worden, doch ihr Lied erhob sich aus der Tiefe ihrer Herzen — und es wurde beantwortet.

Der Heilige Geist hilft uns im Gespräch mit Gott. Ohne Seine Hilfe konnte bis dahin niemand durch Gebet in Gottes Gegenwart gelangen. Paulus sagt: „Niemand kann sagen: Jesus ist der Herr als nur im Heiligen Geist“ (1. Kor. 12:3). „Der Geist gibt Zeugnis unserem Geist, daß wir Gottes Kinder sind“ (Röm. 8:16).

Wir können Gott nicht „Unseren Vater“ nennen und zu Ihm beten, es sei denn, daß der Heilige Geist uns hilft. Der Heilige Geist kann unser Gebet aber auch auf eine noch höhere Ebene bringen. Wenn wir mit dem Heiligen Geist erfüllt sind, veranlaßt uns die Gnade Gottes, in Sprachen zu reden, die wir von Natur aus nicht gelernt haben; der Geist löst unsere Zunge. „Denn wer in Zungen redet, der redet nicht für Menschen, sondern für Gott; denn niemand vernimmt es, im Geiste aber redet er Geheimnisse“ (1. Kor. 14:2).

Wenn wir nicht nur in unserer gelernten menschlichen Sprache beten, sondern in einer Gebetssprache, wie der Heilige Geist uns leitet, hilft Er, die uns auferlegten Beschränkungen von Zeit und Raum zu überwinden. Er führt uns in eine tiefere Gnade Gottes. Einer meiner engeren Freunde, Reverend Bailus, aß gerade mit seiner Familie zu Mittag, als der Heilige Geist ihm zu beten befahl. Das Drängen war so stark, daß er den Tisch verließ und in sein Gebetszimmer ging, wo er so feurig in Zungen betete, daß er völlig durchzuschwitzen begann. Er wußte nicht, welche Bürde ihn dermaßen bedrückte; doch nach etwa halbstündigem Gebet kehrte sein Friede zurück. Er fühlte sich frei, beendete das Mittagessen und folgte dann seiner Gewohnheit am Sonntagnachmittag: Er begab sich zu einem Café an der nahegelegenen Straßenbahnhaltestelle.

Der Ladeninhaber schien überrascht, Reverend Bailus zu sehen, und überbrachte ihm die Nachricht, daß seine Eltern in einen Straßenverkehrsunfall verwickelt worden waren — genau zu dem Zeitpunkt, als er sich genötigt fühlte, in Zungen zu beten. Als mein Freund den Ort des Unfalls erreichte, fand er den Volkswagen seiner Eltern flachgedrückt gegen einen mit Baumaterial beladenen LKW vor. Er war sicher, daß seine Eltern nicht überlebt haben konnten. Da kommentierte ein Polizeibeamter, der neben dem zerdrückten Wagen stand: „Ein solches Wunder habe ich in meinen zwanzig Jahren Polizeidienst noch nie gesehen. Bei derartigen Unfällen wird jeder, der unter einen LKW gerät, immer sofort zu Tode gedrückt. Diese beiden älteren Menschen aber wurden hinausgeschleudert — als ob jemand sie in seinen Armen gehalten hätte."

Mein Freund eilte ins Krankenhaus, wo er seine Eltern auf dem Bette liegend und sicher vorfand. Sie hatten außer einigen Schrammen nichts abbekommen.

Wie bei meinem Freund kann der Heilige Geist uns leiten, für Probleme zu beten, die wir nicht einmal erkennen können — bis wir die Ergebnisse unserer Herzensfürbitte im Geist sehen.

Der Zweck des Gebets

Durch Gebet *können wir die Gesinnung Gottes in unsere Gesinnung pflanzen*.

Jesus sagte: „Tut Buße." Die Grundbedeutung dieses Wortes meint: „Verändert euer Denken und Gefühl!" Wir müssen unsere negativen Gedanken ändern und den Reichtum, die Vergebung, die Liebe und die Gnade aus und in Gott empfangen. Die Bibel sagt: „Denn ihr sollt so gesinnt sein, wie Jesus Christus auch war" (Phil. 2:5). Wenn wir göttliche Gedanken in unseren Sinn durch die Schrift aufnehmen und diese Gedanken Gott zurückbringen, dann wird die Gesinnung Gottes auf übernatürliche Weise in unseren Sinn hineingepflanzt. Sobald das geschieht, sind wir zu göttlicher Kraft befähigt. Gott kann schaffen, was menschlich unmöglich ist. Gott ist Liebe, und wir sind Nutznießer dieser Liebe. Gott schenkt Gnade, und wir empfangen sie. Gott ist Heilung, und wir leben in ihr. Gott ist Fülle, und wir erfreuen uns daran.

Durch Gebet können wir auch *der Vergebung unserer Sünden sicher sein*. Wir sollten beten wie Jona — daß unsere Sünden uns vergeben werden. Als Jona entgegen dem Gebot Gottes nach Tarsis floh und mit dem Gericht Gottes konfrontiert wurde, tat er gründliche Buße vor Gott. „Und du hörtest meine Stimme. Und doch hattest du mich in die Tiefe geschleudert, mitten ins Meer, daß mich die Strömung umspülte; alle deine Wogen und Wellen gingen über mich. Und ich sprach: Ich bin von deinen Augen verstoßen; dennoch will ich fortfahren zu schauen nach deinem heiligen Tempel"

(Jona 2:3-5). In Israel symbolisierte die Hinwendung des Gesichts zum Tempel, daß man Buße tat. Unsere Sünden sind vergeben, wenn wir sie bekennen und vor Gott Buße tun. Gottes wahre Natur ist Liebe und Vergebung. „Kommt doch, wir wollen miteinander rechten, spricht der Herr: Wenn eure Sünden wie Scharlach sind, sollen sie weiß werden wie der Schnee; wenn sie rot sind wie Purpur, sollen sie wie Wolle werden“ (Jes. 1:18).

Durch Gebet können wir ebenfalls sicher sein, daß Gott uns die Ursünde und die mutwilligen Sünden durch das Blut Jesu vergeben hat. Der Teufel flüstert uns immer die Lüge zu, daß wir Christen noch in Sünde sind, und daß wir ganz sicher die Kosten der Sünde zahlen müssen. Aber Gott erinnert niemals an die Sünde, die Er bereits vergeben hat. Er sieht uns, als ob wir niemals eine Sünde gegen Ihn begangen hätten. Wir sind gerechtfertigt durch den Glauben. Das ist wahr. Warum aber werden wir immer noch durch unser schuldiges Gewissen geplagt? Das geschieht, wenn wir nicht mit Danksagung beten und nicht die Vergebung Gottes und die Macht des Blutes Jesu annehmen. Gebet macht uns sicher, daß wir die Vergebung unserer Sünden haben; es verleiht uns neue Kraft, um mutig als gerechtfertigte Personen zu leben.

Gebet öffnet unsere Augen für ewiges Leben. Unser Herr ist „der Herr, welcher es tut, der Herr, welcher es ausdenkt, um es auszuführen“ (Jer. 33:2). Gott sandte Seinen Sohn, Jesus Christus, in diese Welt, damit alle, die an Ihn glauben, nicht verloren werden, sondern ewiges Leben haben (siehe Joh. 3:16). Dieses ewige Leben meint nicht nur, daß wir ewig leben werden. Auch wer wegen seiner Sünde des Unglaubens und seines Lebens in Sünde in die Hölle gelangt, lebt endlos — allerdings in Qual.

Das ewige Leben, das wir besitzen, ist das Leben unseres himmlischen Vaters. Es ist das gesegnete Leben, das wir gerade jetzt in dieser Welt genießen. Wenn wir unsere Gedanken in Gottes Gedanken pflanzen und zu Ihm beten, um Ihn zu verherrlichen, dann öffnet der überfließende Friede und die überströmende Freude in unseren Herzen den Blick für ewige Dinge. Dieser Friede und diese Freude sind der Beweis, daß der Geist Gottes in uns ist.

Was bewirkt das Gebet sonst noch? *Gebet erleichtert die Lasten des Lebens.*

Niemand lebt in dieser Welt, ohne mit einer Bürde beladen zu sein, wenn sich auch ihre Schwere unterscheidet. Aber Jesus hat gesagt: „Kommet her zu mir alle, die ihr mühselig und beladen seid, so will ich euch erquicken“ (Mt. 11:28). Wie kommen wir zu Jesus? Durch Gebet. Wenn wir unsere Lasten bei Jesus ablegen, wird der Heilige Geist, der von Jesus kommt, die Probleme unserer Bürden lösen.

Durch Gebet werden auch unsere Krankheiten geheilt. Krankheit existiert wegen direkter [mutwilliger Sünde] oder indirekter Sünde [Ursünde]. Wenn wir jedoch an Jesus als unseren Erlöser glauben, sollten wir auch von Krankheit freigesetzt werden — genauso wie wir die Vergebung unserer Sünden erlangen. Es ist Sein göttlicher Wille, daß wir in Gesundheit leben können, bis wir in den Himmel gerufen werden. Jesus verbrachte die meiste Zeit Seines öffentlichen Dienstes mit der Heilung von Kranken. Die Bibel erklärt: „Durch seine Wunden sind wir geheilt“ (Jes. 53:5). Wenn wir so zu Gott kommen und mit unerschütterlichem Glauben beten wie die syrophönizische Frau im Neuen Testament oder der römische Hauptmann, dann können wir von der Macht der Krankheit befreit werden.

Der Weg, um *dem Teufel zu widerstehen und ihn in die Flucht zu schlagen*, ist der Weg des Gebets. Satan ist schon am Kreuz besiegt worden. Seine Niederlage wird am Ende der Großen Trübsal, wenn er gebunden ist, vollständig sein. Folglich müssen wir den Teufel durch die Macht und das Verdienst des Blutes Jesu gefangensetzen; wenn wir fasten und beten, sind wir fähig, dem Teufel zu widerstehen.

Durch Gebet können wir Versuchungen überwinden. Unser Gebet ist äußerst wichtig, damit wir nicht in Versuchung fallen; es ist unentbehrlich, wenn wir inmitten von Versuchung Befreiung von der Versuchung erfahren wollen. In der Nacht, als Jesus verraten wurde, sagte Er zu Seinen Jüngern im Garten Gethsemane: „Was schlafet ihr? Stehet auf und betet, daß ihr nicht in Anfechtung fallet“ (Lk. 22:46). Wenn diese Jünger zu diesem Zeitpunkt gebetet hätten, anstatt zu schlafen, was wäre wohl geschehen? Petrus würde Jesus nicht verleugnet haben. Der beste Weg, um aus Versuchung herauszukommen, besteht nicht darin, Entschuldigungen hervorzubringen oder vielleicht sogar Rache zu üben, sondern darin, daß wir vor dem Herrn niederfallen, uns demütigen und beten.

Näher zu Gott

Allgemein bedeutet Gebet, Gott zu verherrlichen, Ihm zu danken, die täglichen Sünden zu bekennen, Ihm zu sagen, was in unserem Leben geschieht, und Ihn jeden Tag um unsere Bedürfnisse zu bitten.

Gewöhnliches Gebet bezieht sich auf die tag-tägliche Routine des Lebens. In einer gewohnheitsmäßigen Art sollten wir Gott für Seine Gnade und Erlösung preisen. Wir können ausdauernd um Gottes Hilfe für alles beten, was unser tägliches Leben berührt, besonders um das Wohlergehen unseres geistlichen Lebens, unserer Gesundheit und unseres Berufslebens.

Besonderes Gebet aber ist dann nötig, wenn wir mit einem dringenden Problem konfrontiert werden oder eine Entscheidung treffen müssen. Wenn wir den Willen Gottes herausfinden oder die Antwort auf ein Problem erhalten wollen, zum Beispiel bei Krankheit oder bei einem materiellen Bedürfnis, dann müssen wir mit besonderer Entschlossenheit und Einstellung zu Gott beten. Wie machen wir das?

Erstens. Wir müssen das Ziel oder den Gegenstand des Gebets klären — und zwar im Detail. Wenn wir nicht für ein konkretes Bedürfnis oder eine konkrete Angelegenheit beten, können wir auch nicht erkennen, ob Gott unser Gebet beantwortet hat. Außerdem wird ein unkonkretes Gebet normalerweise nicht von dem brennenden Verlangen begleitet, das uns Beharrlichkeit verleiht. Als Seine Jünger Jesus fragten: „Herr, lehre uns beten, wie auch Johannes seine Jünger lehrte" (Lk. 11:1), erzählte Jesus ihnen dieses Gleichnis:

„Welcher unter euch hätte einen Freund und ginge zu ihm um Mitternacht und spräche zu ihm: Freund, leihe mir drei Brote; denn mein Freund ist von der Reise zu mir gekommen, und ich habe ihm nichts vorzusetzen; und jener würde von innen antworten und sagen: Mache mir keine Mühe! Die Türe ist schon verschlossen, und meine Kinder sind bei mir im Bett; ich kann nicht aufstehen und dir geben" (Lk. 11:5-7).

Als der Mann in dieser Erzählung zu seinem Freund kam, sagte er nicht: „Leihe mir Brot" oder „Leihe mir ein paar Brotlaibe." Er erklärte konkret die Situation, in der er das Brot benötigte, und sprach: „Leihe mir drei Brote." Auch unsere Gebete müssen solche konkreten Einzelheiten enthalten.

Alle in der Bibel erwähnten Gebete haben ein ausdrückliches und bestimmtes Ziel. Genesis 24 erzählt vom Gebet Abrahams, als er seinen Diener sandte, um eine Frau für Isaak zu finden. Der Gebetsinhalt ist sehr konkret, genauso konkret wie das Gebet Gideons, das in Kapitel 6 im Buch der Richter aufgeführt wird. Wenn wir unsere Gebetsanliegen überdenken, ist es gut, sich eine dreifache Frage zu stellen: „Was ist mein Anliegen?" „Wie dringend ist mein Anliegen?" „Bis wann muß mein Anliegen beantwortet sein?"

Zweitens. Unsere Gebete müssen auf dem Wort Gottes gegründet sein. Wie spezifisch unsere Anliegen auch sein mögen, wenn sie sich gegen den Willen Gottes richten, können sie nicht beantwortet werden. Wenn wir also zu Gott beten, müssen wir uns Ihm mit Seinem Wort nähern: Steht unsere Bitte dem Willen Gottes entgegen? Der Apostel Paulus sagt: „Und passet euch nicht diesem Weltlauf an, sondern verändert euer Wesen durch die Erneuerung eures Sinnes, um prüfen zu können, was der Wille Gottes sei, der gute und wohlgefällige und vollkommene" (Röm. 12:2).

Das Wort Gottes zeigt uns, worin dieser „gute und wohlgefällige und vollkommene Wille Gottes" besteht. Es ist Sein göttlicher Wille, daß wir gesund werden, daß wir erfolgreich sind, daß wir von einem schuldigen Gewissen freigesetzt werden.

Drittens. Wir müssen das Gebet der Buße und Vergebung sprechen. Wenn ich Ungerechtigkeit in meinem Herzen hege, erhört Gott weder mein Gebet, noch beantwortet Er es (siehe Ps. 66:18). Sünde wird immer zu einer Mauer zwischen Gott und uns. Sie versperrt unseren Gebeten den Zugang zu Gott; sie blockiert die Antwort Gottes an uns.

Jesus hat gesagt, daß wir unseren Nächsten zuerst die Sünden und Übertretungen vergeben sollen: „Denn wenn ihr den Menschen ihre Fehler vergebet, so wird euer himmlischer Vater euch auch vergeben" (Mt. 6:14).

„Darum sage ich euch: Alles, was ihr im Gebet verlangt, glaubet, daß ihr es empfangen habt, so wird es euch zuteil werden. Und wenn ihr steht und betet, so vergebet, wenn ihr etwas wider jemand habt, damit auch euer Vater im Himmel euch eure Übertretungen vergebe" (Mk. 11:24,25).

Viertens. Wir sollten den Glauben Gottes haben. Als die Jünger Jesu sich über den verdorrten Feigenbaum wunderten, den Er verflucht hatte, sprach Jesus zu ihnen:

„Habt Glauben an Gott! Denn wahrlich, ich sage euch, wenn jemand zu diesem Berge spräche: Hebe dich und wirf dich ins Meer, und in seinem Herzen nicht zweifelte, sondern glaubte, daß das, was er sagt, geschieht, so wird es ihm zuteil werden“ (Mk. 11:23).

Im Griechischen lautet der Ausdruck „Habt Glauben an Gott“ in Wirklichkeit „Habt den Glauben Gottes“, der sich von dem allgemeinen Glauben oder dem natürlichen Glauben, den wir haben, unterscheidet. Der Glaube Gottes wird durch den Heiligen Geist in unsere Herzen gegossen, wenn wir das Wort lesen. Wenn dieser Glaube in unser Herz gelangt, können wir entschlossen glauben. Wir können sogar das glauben, was im Licht der Vernunft unmöglich erscheint. Der Grund für diesen Glauben in unserem Herzen ist *rhema* [Anmerkung: Im Unterschied zu logos, welches Wort allgemein und umfassend bedeutet. Rhema ist das spezifische Wort zu einer bestimmten Situation oder Angelegenheit.], „denn der in euch ist größer als der, der in der Welt ist“ (1. Joh. 4:4). Wenn wir den Glauben Gottes durch Sein Wort und durch die Hilfe des Heiligen Geistes empfangen, findet ein Wunder statt. Satan, der seinen Machtbereich in der Luft hat, verläßt uns, wenn Gottes Wort in uns lebt, und Satans Herrschaft über unsere Umgebung wird gebrochen.

Fünftens. Wir müssen um die Hilfe des Heiligen Geistes bitten, der an unserer Seite ist, um uns zu helfen. Er kennt unsere Bedürfnisse und Not und weiß um unser Verlangen. Er kennt ebenso den Willen Gottes und die Antwort, die Gott für uns bereithält.

„Denn welcher Mensch weiß, was im Menschen ist, als nur der Geist des Menschen, der in ihm ist? So weiß auch niemand, was in Gott ist, als nur der Geist Gottes. Wir aber haben nicht den Geist der Welt empfangen, sondern den Geist aus Gott, so daß wir wissen können, was uns von Gott gegeben ist“ (1. Kor. 2:11,12).

Wenn wir dem Geist Gottes vertrauen, können wir uns leicht wie ein Vogel, der auf dem Wind dahingleitet, an den Ort begeben, an dem die Antwort Gottes uns erwartet.

Sechstens. Wir müssen mit einem brennenden Verlangen beten. Wer nicht mit brennendem Verlangen betet, kann nichts empfangen. Jesus erzählte das Gleichnis von der armen Witwe und dem herzlosen Richter, um zu zeigen, daß wir entschlossen und nicht zaghaft beten sollen. Das entschiedene Verhalten der syrophönizischen Frau ist genau die Haltung im Gebet, die wir lernen sollten (siehe Mt. 15:21-28).

Wie lange müssen wir mit einem brennenden Herzen beten? Wir beten so lange, bis wir uns der Antwort sicher sind, bis wir Frieden und Freude darüber haben. Wenn wir uns erheben und sagen: „Herr, ich glaube“, ohne die Sicherheit, daß unser Gebet die Antwort erlangt hat, besteht das Gebet nur auf einer Seite; Gott ist nicht daran gebunden. Wenn die Antwort unterwegs ist, dann kommt der Heilige Geist mit einer friedevollen Sicherheit zu uns. „Sorget um nichts; sondern in allem lasset durch Gebet und Flehen mit Danksagung eure Anliegen vor Gott kundwerden. Und der Friede Gottes, der allen Verstand übersteigt, wird eure Herzen und Sinne bewahren in Christus Jesus“ (Phil. 4:6,7).

Siebtens. Wenn wir Sicherheit in unserem Herzen besitzen, beenden wir das Gebet um unser Anliegen und beginnen mit Dankgebeten. Wir bekennen mit unserem Munde und sprechen mit Glauben: „Heilung wird zu mir kommen." „Materielle Fülle wird zu mir kommen." „Meine Kinder werden mir gehorchen." Was immer wir auch erbitten, wir sollten die Sicherheit bekennen, daß der Heilige Geist uns beschenkt, und mit Kühnheit die Antwort herbeibeten. Dieses wesentliche Bekenntnis schafft ein schöpferisches Wirken in unserer Umgebung.